CREATIVIDAD PARA PADRES

CREATIVIDAD PARA PADRES

UNA GUÍA PARA ACOMPAÑAR CREATIVAMENTE
EL CRECIMIENTO DE SUS HIJOS

Ana Milena Gómez Arango
Diego Parra Duque

GRUPO EDITORIAL norma

Bogotá, Barcelona, Buenos Aires, Caracas, Guatemala,
Lima, México, Panamá, Quito, San José, San Juan,
Santiago de Chile, Santo Domingo

Gómez Arango, Ana Milena
  Creatividad para padres / Ana Milena Gómez Arango y Diego Parra Duque. -- Bogotá : Grupo Editorial Norma, 2006.
  208 p. ; 21 cm.
  IBSN 958-049017-1
  1. Estimulación temprana 2. Desarrollo infantil 3. Aptitud motora en niños 4. Cognición en niños I. Parra Duque, Diego II. Tít.
155.4 cd 20 ed.
AJF3481

CEP-Banco de la República-Biblioteca Luis Ángel Arango

Copyright © 2006 por Ana Milena Gómez Arango
y Diego Parra Duque

Copyright © 2006
para América Latina por Editorial Norma S.A.
Apartado aéreo 53550, Bogotá, Colombia.
Reservados todos los derechos.
Prohibida la reproducción parcial o total de este libro,
por cualquier medio, sin permiso escrito de la Editorial.

Impreso en Colombia – Editorial Nomos S.A.

Asesoría editorial, Margarita Matarranz
Edición, Natalia García Calvo
Dirección de arte, Jorge Osorio Villa
Diseño de cubierta, Catalina Orjuela Laverde
Diagramación y armada, Blanca Villalba Palacios

Este libro se compuso en caracteres Baskerville

ISBN 958-04-9017-1

Dedicatoria

El genio es la infancia recuperada.
Charles Baudelaire

A todos los profesores, padres y adultos curiosos que saben que aunque sepamos mucho, nunca sabremos lo suficiente…

A todos los niños y niñas, que algún día nos retaron con alguna pregunta incontestable; que algún día nos asustaron con la caída de un columpio; que algún día nos hicieron reír con su imaginación desbordante; que algún día nos hicieron llorar mostrándonos lo pequeños y frágiles que somos…

De piedra los que no gritan,
De piedra los que no ríen,
De piedra los que no cantan,
Yo nunca seré de piedra.
Gritaré cuando haga falta,
Reiré cuando haga falta,
Cantaré cuando haga falta.
Rafael Alberti

CONTENIDO

Carta a nuestro lectores — XI

Primera parte
De los seis meses a los tres años — 1
Introducción — 3

Capítulo I
Aspectos básicos del desarrollo infantil — 9

Capítulo II
Actividades para niños entre seis meses y tres años — 25

Segunda parte
Entre los 3 y los 10 años — 63
Introducción — 65

Capítulo III
¿Qué pasaría sí? — 69

Capítulo IV
Jugando con los sentidos — 97

Capítulo V
El niño que ve, el niño que pinta — 117

Capítulo VI
Los libros: nuestros mejores amigos   153

Capítulo VII
Jugando con las palabras   177

A modo de despedida...   185

Agradecimientos   187

Bibliografía   189

CARTA A NUESTROS LECTORES

Apreciados lectores:

El objetivo de este libro es ofrecerles algunas herramientas tanto prácticas como teóricas que les permitan trazar nuevos caminos para enfrentarse a la apasionante y desafiante aventura de educar a sus hijos. Con este libro también queremos responder a la pregunta ¿Cómo podemos convertirnos en animadores y promotores de experiencias creativas para nuestros hijos? Con él buscamos que cada uno de ustedes encuentre oportunidades de divertirse, de experimentar e incluso de inventar nuevas versiones de cada uno de los ejercicios que aquí aparecen.

El libro recoge los frutos de nuestras investigaciones en campos tan diversos como la psicología del desarrollo, la creatividad, la corriente educativa denominada educación experiencial, la formación artística y la promoción de la lectura. Muchos de los ejercicios que aparecen en este libro buscan que nuestros lectores incentiven en sus hijos y estudiantes la capa-

cidad de asombro, la curiosidad, el gusto por el misterio de las cosas simples y las ganas de compartir momentos significativos en familia.

Quizá nunca antes han sido tan exigentes como ahora los retos a los que se enfrentan quienes trabajan en la educación infantil: la invasión de los medios masivos, el excesivo confort que ofrecen las innovaciones de productos en la sociedad actual, la proliferación de juguetes cada vez más tecnológicos y complejos y la aparición del internet –lo cual implica el fácil acceso a todo tipo de información– hacen que nuestros hijos puedan caer fácilmente en la tentación de convertirse en seres pasivos, rutinarios, conformistas e incluso difíciles de sorprender. Por otro lado, la agitada vida de hoy nos lleva muchas veces a mirar la educación de nuestros hijos más como un asunto de "supervivencia" que como una oportunidad constante de sorprendernos, divertirnos y retarnos a invertir más tiempo con ellos. A veces parecería como si en el mundo de hoy el hecho de "estar ocupados" estuviera de moda y aquellas actividades no necesariamente productivas fueran vistas como una forma de perder el tiempo. Con este libro queremos que nuestros lectores se detengan a reflexionar unos minutos sobre la forma como invierten el tiempo con sus hijos. ¿Qué tanto caemos en el error de delegar en otros aquello que nosotros podríamos hacer? Nos gustaría que este libro ayudara en algo a que los padres recuperen el deseo de vivir con sus hijos de la manera como muchos vivíamos en nuestra infancia, es decir, en la que todos los momentos del día eran igual de importantes.

En cuanto a la forma, quisimos que el libro estuviera escrito con la simplicidad de una conversación. En este sentido, intentamos condensar y traducir al lenguaje de todos los días el material teórico que aquí aparece. ¿Cómo funciona el libro? Para mayor facilidad en su consulta, lo hemos dividido en dos partes. La primera parte está dirigida a las edades comprendidas entre los seis meses y los tres años de edad; la segunda parte contiene material teórico, ejercicios, consejos, datos curiosos y actividades para que los padres puedan aplicar con sus hijos en edades comprendidas entre los tres y los diez años.

Cada capítulo comienza con una primera parte teórica, cuya finalidad básica es compartir hechos, datos útiles y curiosidades sobre el tema tratado, como por ejemplo, la creatividad o la expresión artística. La segunda parte describe de forma detallada ejercicios que pueden ser aplicados a las diferentes edades de sus hijos. Los ejercicios que aparecen aquí están organizados de abajo hacia arriba, es decir, de las primeras edades a edades posteriores.

Cada capítulo de este libro está diseñado para que pueda ser consultado de forma independiente. Con ello pretendemos que los padres puedan utilizar este libro como un libro de lectura o como un libro de consulta. Agradecemos el esfuerzo de nuestras editoras por facilitar aún más el proceso de consulta con sus múltiples recomendaciones gráficas, la incorporación de viñetas y otras ayudas visuales y también por el hecho de habernos permitido incluir en él fotografías de nuestra colección de juguetes o de algunos de nuestros archivos de trabajo.

Ojalá este libro termine arrugado y gastado, como terminaron muchos de nuestros libros preferidos durante la niñez. No es que estemos en contra del cuidado de los libros, pero sí queremos que éste se convierta en un amigo con el cual hablar, un compañero de viaje o un confidente al que podamos acudir constantemente, con el objetivo primordial de seguir disfrutando de la pasión por educar a nuestros hijos.

PRIMERA PARTE

DE LOS SEIS MESES A LOS TRES AÑOS

INTRODUCCIÓN

Esta primera parte está dedicada al desarrollo de la creatividad para los padres y madres que tengan bebés en edades comprendidas entre los seis meses y los tres años, y también para los profesionales, parientes, maestros, niñeras y acompañantes que sigan el recorrido de los pequeños durante las primeras etapas de su vida. Nuestro objetivo principal es el de acompañar a los nuevos padres en el recorrido que comienzan. Queremos que este libro sea un compañero de camino, un apoyo constante, casi alguien con quien hablar.

Con el fin de facilitar el uso de este libro hemos dividido esta primera parte en dos capítulos que tienen énfasis distintos: el primero es un capítulo teórico que contiene los conocimientos necesarios para poder observar y estimular el desarrollo de su bebé, el segundo es un capítulo meramente práctico, que incluye un listado de actividades explicadas para que puedan desarrollarse de acuerdo con las etapas por las que está pasando su hijo.

En el capítulo primero, los lectores encontrarán un resumen teórico sobre los aspectos básicos del desarrollo infantil. Incluimos aquí un breve viaje por los descubrimientos científicos más importantes sobre el cerebro de los bebés y sus inmensas potencialidades de desarrollo durante los primeros años de vida. Acto seguido, diseñamos una sencilla guía de estimulación temprana que incluye un resumen de las etapas por las que atraviesa un bebé a lo largo de sus primeros tres años de vida. Los ejercicios que aparecen en este libro están centrados en dos ejes básicos del desarrollo infantil: el desarrollo motor (motricidad fina y gruesa) y el desarrollo cognitivo. Debido al énfasis del libro, y a que no pretendemos que se convierta en un manual de estimulación temprana (pues los hay muchos y muy buenos), nos hemos centrado principalmente en estos dos ejes.

¿Por qué no hemos incluido los primeros seis meses de vida del bebé en esta primera parte? Simplemente, pensamos que esta etapa responde a un lapso de tiempo en el que los padres apenas se están adaptando a sus recién nacidos. Podemos dar fe de que en estos primeros meses lo más importante debe ser la seguridad afectiva, el amor y el cariñoso acompañamiento que los padres puedan dar al bebé durante cada uno de los momentos por los que atraviesa: las horas de sueño, las comidas, los espacios de juego o la hora del baño. En los meses sucesivos es más probable que los padres ya se hayan acostumbrado a su nueva vida y estén posiblemente preparados para responder al desarrollo de sus bebés de una forma más activa y creativa.

Seguramente, en esta etapa ya podrán utilizar de forma más fácil conocimientos que les permitan diseñar y aplicar actividades y ejercicios a la medida de sus bebés.

Muchos padres y madres hallarán en esta primera parte una confirmación de muchas ideas empíricas que ya tenían. De esta manera, podrán poner en práctica actividades que seguramente ya habían pensado gracias a su propio sentido común y a la observación constante de sus pequeños. Otros se sorprenderán al reparar en las múltiples posibilidades que ofrece el conocimiento técnico de las etapas del bebé a la hora de diseñar actividades y ejercicios sencillos y divertidos para su óptimo crecimiento. Muchas veces este conocimiento será mucho más sencillo de lo que pensaban, y se convertirá en una referencia fundamental que les servirá de guía para el apasionante viaje que comienzan. Otros experimentarán un raro sentimiento de emoción y de curiosidad, pues se les abrirá una puerta de entrada a nuevos conocimientos que los inducirán a seguir investigando de forma más profunda sobre temas de desarrollo infantil y estimulación temprana. Para estos últimos hemos reservado una serie de recomendaciones que aparecen al final del libro. En ellas encontrarán un listado exhaustivo de publicaciones, estudios, enlaces virtuales, organizaciones e información adicional sobre manuales de estimulación temprana que pueden ser de gran utilidad a la hora de profundizar más sobre diversos temas de desarrollo infantil.

Invitamos a los lectores a utilizar esta parte teórica como una referencia, más que como una verdad absoluta.

Nuestra intención es que los padres tengan un conocimiento teórico básico que les permita desarrollar su creatividad y tener parámetros con los cuales poder observar y estimular el óptimo desarrollo de sus bebés. Estamos seguros de que con el uso de este libro ustedes podrán vivir este momento vital de una manera plena y gratificante.

Se podría pensar a veces que la educación de nuestros bebés es una etapa de supervivencia, un caótico recorrido que hay que superar con estoicismo, un período durante el cual nos limitamos y somos poco creativos, pues pensamos que nuestra labor es únicamente mostrar a nuestros pequeños lo que está bien y lo que está mal. Pero también podemos pensar que este es un momento de constante goce, sorpresa y aprendizaje, un tiempo para desarrollar no sólo las posibilidades del pequeño, sino también todas nuestras potencialidades como padres y madres. Con este libro queremos facilitar el acceso a ciertos conocimientos sencillos que nos permitan disfrutar al máximo de cada una de las etapas por la que atraviesan nuestros pequeños. Gozar del crecimiento de nuestros bebés es hacer conciencia de nuestro propio crecimiento como padres, madres y esposos. Podemos, si nos lo proponemos, ser padres y madres creativos, que disfruten plenamente del goce de observar, estimular, diseñar y aplicar actividades divertidas y sorprendernos cada día. Esta es la invitación que queremos hacer.

El segundo capítulo contiene ejercicios, actividades y recomendaciones para estimular el desarrollo de su bebé y lograr sus plenas potencialidades. Las actividades están diseñadas de acuerdo con etapas y aspectos específicos. Las etapas se relacionan con las edades del bebé y están subdivididas en dos grandes categorías: entre los seis meses y el año de nacido y entre uno y tres años. Los aspectos tienen por objetivo hacer que los padres encuentren fácilmente el tipo de ejercicio que requieren para trabajar con sus hijos. De esta manera, los ejercicios pueden trabajar el desarrollo motor fino o grueso, la sensibilidad o la comunicación afectiva con sus padres, por ejemplo.

La última parte de este capítulo es una invitación a que usted mismo diseñe actividades creativas para estimular a su bebé. Aquí aparecen preguntas, datos y ejercicios que tienen como fundamento básico estimular su curiosidad e iniciativa, para diseñar sus propias actividades y ejercicios. Es una invitación a la creatividad que, como padres y madres, todos podemos desarrollar.

¡Buena suerte!

CAPÍTULO I

Aspectos básicos del desarrollo infantil

E l estudio del desarrollo infantil es una rama de la psicología encargada de describir las diferentes etapas por las que atraviesa el crecimiento de un bebé –y posteriormente del niño– con el objeto de lograr sus plenas potencialidades. En las dos últimas décadas, las investigaciones sobre desarrollo infantil han avanzado hasta revelar increíbles habilidades de los recién nacidos. Por ejemplo, mucho antes de la etapa verbal o de adquisición del lenguaje, los bebés ya tienen las habilidades básicas para relacionarse socialmente, reconocer caras, ver colores, escuchar voces, distinguir sonidos dentro de las palabras y diferenciar sabores básicos.

En este capítulo compartimos aspectos básicos del desarrollo infantil que pueden ser útiles y prácticos a nuestros lectores, sin llegar a entrar en los detalles o la profundidad de las teorías psicológicas vigentes ni la de muchos manuales de estimulación temprana, que muchas veces están escritos por y para especialistas. Estamos convencidos de que a la hora de educar mejor a los bebés, el conocimiento de los padres sí marca una diferencia: hace que las cosas sean distintas, porque con algo de información es más fácil ser creativos y diseñar experiencias significativas para que nuestros hijos se desarrollen plenos y felices.

Los nuevos descubrimientos sobre el desarrollo del bebé

La ciencia ha descubierto recientemente que las experiencias iniciales de un bebé ayudan a moldear la estructura física del cerebro. Si, por ejemplo, se acaricia la cabeza de un bebé, las células cerebrales se activan y se establece toda una serie de conexiones neuronales. Si se lee un cuento a un niño de tres meses, a pesar de que el niño no comprenda cabalmente el significado de las palabras, estarán ocurriendo nuevas conexiones cerebrales. Lo mismo sucederá si paseamos al bebé por el jardín: mientras percibe una multitud infinita de colores y formas diferentes, su cerebro está trabajando de manera intensa, estableciendo más y más conexiones cerebrales. Con cada nueva experiencia del bebé se producen conexiones cerebrales cada vez más complejas, que fortalecen las ya existentes.

Hasta hace algunos años se pensaba que la mayor parte de las conexiones cerebrales del bebé estaban determinadas antes del nacimiento y que eran una contribución genética de ambos padres. Lo que los científicos han descubierto recientemente es que los padres determinan antes del nacimiento apenas los circuitos principales del cerebro del bebé –aquellos que controlan las funciones más básicas como la respiración, el latir del corazón y la temperatura del cuerpo–. Esto deja millones de conexiones complejas, que serán determinadas por la estimulación que el cerebro del niño reciba durante los primeros años: está comprobado que poco más del ochenta por ciento del desarrollo de nuestro cerebro ocurre durante los primeros seis años de nuestras vidas.

Algunos estudios demuestran también que determinados estímulos favorecen el crecimiento simultáneo de varias partes del cerebro a la vez. Por ejemplo, es un hecho comprobado por la ciencia que la música estimula el pensamiento musical de los niños y al mismo tiempo posibilita conexiones en otras áreas del cerebro. Estudios constatados por el psicólogo Howard Gardner, el creador del concepto de inteligencias múltiples, han logrado demostrar que la estimulación musical determina simultáneamente mejoras en el pensamiento lógico y matemático de los niños.

Los hechos anteriores demuestran que existen potencialidades realmente extraordinarias que podemos aprovechar de manera mucho más consciente y creativa en nuestro papel como padres y educadores. En la medida en que generemos ambientes que estimulen mayores posibilidades de trabajo cerebral, estamos jugando un papel definitivo en el sano crecimiento de nuestros hijos. Pero antes de seguir, veamos cómo se fue conformando el increíble cerebro de nuestro bebé.

> *En la medida en que generemos ambientes que estimulen mayores posibilidades de trabajo cerebral, estamos jugando un papel definitivo en el sano crecimiento de nuestros hijos.*

EL CEREBRO DEL BEBÉ: UN MUNDO LLENO DE POSIBILIDADES

La formación de ese extraordinario órgano que llamamos cerebro se inicia apenas unas semanas después de la concepción. Esto ocurre cuando las células fetales destinadas a convertirse en células cerebrales comienzan a multiplicarse a la increíble velocidad de... ¡doscientos cincuenta mil neuronas por minuto! Estas neuronas se producen en el tubo neural (que más tarde se convertirá en la médula espinal) y allí comienza una diversificación en varias zonas del cerebro para ejercer tareas muy diferentes en el futuro.

Para cuando el bebé haya nacido, tendrá un número astronómico de células cerebrales, o neuronas, con las cuales iniciará su camino hacia la edad adulta. Sin embargo, a pesar de su enorme complejidad, el cerebro de un bebé es el órgano menos formado en el momento de su nacimiento, ya que la estrechez del canal del parto limita en gran medida su volumen. A diferencia de la mayoría de los animales, que nacen con un cerebro prácticamente maduro, los niños llegan al mundo con unos cerebros muy poco desarrollados, pero llenos de potencialidades.

Un niño recién nacido muestra un limitadísimo conjunto de capacidades, si las comparamos con las que irá adquiriendo con el transcurso de los años. Pero esta circunstancia que puede parecer en principio negativa implica, en realidad, una enorme ventaja: el bebé será capaz de adaptarse al entorno y a las circunstancias cambiantes de forma mucho mejor que cualquier otro animal cuyo cerebro ya esté programado en el momento de nacer. Disponer de un cerebro moldeable es lo que ha permitido a la especie humana progresar y sobrevivir de manera mucho más exitosa que el resto de los seres vivientes. El hecho de que existan billones de neuronas que no se activen hasta después del nacimiento, constituye un reto para nuestra creatividad como padres y educadores.

> *El hecho de que existan billones de neuronas que no se activen hasta después del nacimiento, constituye un reto para nuestra creatividad como padres y educadores.*

Uno de los cambios significativos que ocurren en el cerebro de un bebé es su increíble aumento de tamaño durante sus primeros meses de vida. Al momento de nacer, el cerebro del bebé pesa unos trescientos cincuenta gramos. Al cumplir un año ya habrá duplicado su tamaño y seguirá creciendo a gran velocidad durante los primeros años. Increíblemente, a los cinco años el peso cerebral habrá alcanzado cerca del noventa por ciento de su eventual peso de adulto (que alcanza cerca de los mil quinientos gramos). Estos aumentos en el peso del cerebro resultan tanto del aumento de las células, como del desarrollo de kilómetros y kilómetros de conexiones, que les permiten a las células comunicarse entre ellas. A medida que el cerebro del bebé crece, ocurren cambios drásticos en su capacidad de aprender. Su memoria se vuelve más funcional, su lenguaje comienza a desarrollarse y sus habilidades de razonamiento se afinan todo el tiempo. ¿Cómo ocurre esto?

La estimulación temprana: principios básicos

La manera como se construye la mente de nuestros hijos está basada en la interconexión de las neuronas. Esta interconexión depende más que nada de la clase de información que algunas partes del cerebro envían a otras durante los primeros años de vida. Cada neurona en el cerebro de un bebé desarrolla una extensión llamada axón. Los axones son como el tronco de un árbol o el brazo de una persona; son una extensión alargada que transmite información. Los axones terminan en dendritas. Estas son como las ramas del árbol o los dedos de la mano. Si esta mano se da la mano con otros dedos, ocurre una conexión a nivel de las células cerebrales. Cuando un estímulo del medio ambiente excita una neurona, ésta libera un impulso eléctrico que viaja a lo largo de su axón hasta que llega a su respectiva dendrita. Esta dendrita es capaz de enviar la información a otra dendrita de una célula vecina. Si esto ocurre, el estímulo del ambiente termina convertido en una conexión de células cerebrales.

A estas conexiones entre células cerebrales o neuronas se les conoce con el nombre de sinapsis. Las neuronas de un bebé tienen una incomparable necesidad de comunicar información a sus neuronas vecinas. Pero como vimos, esto sólo será posible si ocurren los estímulos, y por ende, los aprendizajes adecuados para el óptimo desarrollo del cerebro de nuestros hijos.

La estimulación temprana tiene por objetivo aprovechar esta capacidad de aprendizaje y adaptabilidad del cerebro en beneficio del bebé. Su intención es la de proporcionar una serie de estímulos repetitivos mediante diferentes ejercicios y juegos, de manera que se potencialicen aquellas funciones cerebrales que resulten de mayor interés para el óptimo crecimiento de nuestros hijos. No sólo se trata de reforzar aspectos intelectuales como su capacidad para la lectura o el cálculo matemático, sino también de optimizar el sano desarrollo de habilidades motoras, sensoriales y sociales en el niño. La importancia de la estimulación temprana se basa sobre todo en el hecho de que la maleabilidad del cerebro decrece rápidamente con la edad. Así, el máximo desarrollo neuronal coincide con la etapa que va desde el nacimiento hasta los tres años de edad, para luego decrecer hasta un mínimo, lo que ocurre a la edad de seis años. A partir de ese momento, las interconexiones neuronales del cerebro ya están establecidas y los mecanismos de aprendizaje se asemejan a los de un adulto.

La "ventana de oportunidad"

Parece, pues, que la experiencia durante los primeros años de vida no produce tan solo recuerdos, sino que es fundamental en la construcción del cerebro. Existe, no obstante, otro factor muy importante a considerar: ¡el tiempo que tenemos es terriblemente limitado! Como se ha podido comprobar tras numerosos ensayos, el tiempo en que es posible estimular una determinada área neuronal para influir en la creación de interconexiones está limitado. Es lo que se conoce como la ventana de oportunidad. Habitualmente la ventana se abre en el momento del nacimiento (aunque puede ser incluso antes o un poco después) y se cierra irremediablemente tras un período de tiempo determinado, a los seis años, como ya vimos anteriormente.

En los años 70 se realizó un experimento con gatitos. A un gatito sano se le tapó un ojo desde su nacimiento durante varias semanas. Tras destaparlo se comprobó que el gatito no tenía visión en ese ojo ni fue capaz de adquirirla después. Se vio que el número de conexiones entre la retina del ojo tapado y la parte del cerebro responsable de la visión era minúsculo en comparación con el ojo destapado. La conclusión era clara: es necesario proporcionar los estímulos adecuados durante un período de tiempo preciso para que la estructura cerebral se forme correctamente. La ventana de oportunidad varía de acuerdo con la función cerebral. Así, sentidos como la vista y el oído cierran su ventana de oportunidad mucho antes que el comportamiento o la capacidad para sentir emociones.

> *La ventana de oportunidad varía de acuerdo con la función cerebral. Así, sentidos como la vista y el oído cierran su ventana de oportunidad mucho antes que el comportamiento o la capacidad para sentir emociones.*

Algunos ejemplos prácticos

Para poder entender de una forma más clara el concepto de ventana de oportunidad, estudiemos un caso concreto: el aprendizaje de una segunda lengua. Los investigadores en el campo del lenguaje ahora saben que el tiempo óptimo para aprender idiomas va desde el nacimiento hasta, más o menos, los diez años. Aunque seguimos insistiendo en el hecho de que mientras más temprano es mejor, antes de los diez años un niño puede aprender otra lengua con relativa facilidad y hablarla sin acento. ¿Por qué? La razón es que la región del lenguaje en el cerebro de los niños es una de las más maleables, es decir, una en la que es más posible que ocurran conexiones cerebrales de manera natural. Por supuesto que una persona de cuarenta años puede todavía aprender otra lengua, pero para ello tendrá una dificultad mucho mayor. Seguramente nunca logrará la fluidez de un hablante nativo y generalmente hablará con un fuerte acento. Una vez que se ha pasado el tiempo de la ventana de oportunidad, será mucho más difícil reconocer los sonidos distintivos de otros idiomas y todavía más difícil imitarlos adecuadamente.

Pongamos otro ejemplo, esta vez un poco más complejo: la ventana de oportunidad para el desarrollo visual. El momento privilegiado durante el cual el niño debe recibir los estímulos adecuados para desarrollar de manera plena el sentido de la vista ocurre en los primeros seis meses de vida. Si en los seis primeros meses el bebé no ha tenido la oportunidad de conocer visualmente el mundo que lo rodea, su visión no desarrollará todo su potencial. Un estímulo visual para ambos ojos durante los primeros seis meses es tan determinante, que a los bebés que nacen con cataratas, por ejemplo, deben retirárselas con cirugías de forma urgente. De no corregirse este problema de forma inmediata, el riesgo de ceguera será extraordinariamente alto. Otras ventanas de oportunidad que pueden llegar a ser muy importantes a la hora de diseñar estímulos y actividades de forma creativa, son las siguientes:

Habilidades sociales básicas

Desde el día en que su bebé nace, el cerebro está en condiciones ideales para formar un vínculo emocional fuerte con las personas más cercanas. Este vínculo será una referencia para el desarrollo afectivo con las personas que el bebé vaya conociendo en el futuro. En ausencia de experiencias sociales positivas durante los primeros cinco años de vida, la capacidad de desarrollar relaciones seguras y confiadas se hará más complicada.

Habilidades motrices

Los padres y madres son los primeros en darse cuenta de que las habilidades motrices de los bebés comienzan a desarrollarse desde el primer día de nacidos. También se hace evidente que hay mucho más por lograr antes de que el niño corra, salte, trepe y monte a caballo o en bicicleta. Por fortuna, puesto que el desarrollo motor es una parte tan importante y difícil, el cerebro es muy generoso en el tiempo que asigna para lograr sus resultados. Este rango ocurre entre los cero y los cuatro años. Un ejemplo de ello es el hecho demostrado de que bebés a los cuales no les permiten moverse hasta el primer o segundo año, aprenden a moverse de manera óptima si se les deja la oportunidad de practicar.

Desarrollo del lenguaje

Los primeros tres años son los más importantes para el aprendizaje del lenguaje en los niños. Cuanto más escuchen, más amplio será su vocabulario a lo largo de su infancia y su vida adulta. Adicionalmente, la clase de discurso que oigan resulta vital para los pequeños. Es lo que se le dice directamente al niño lo que surte un efecto especial a la hora de construir circuitos fuertes que sustenten el desarrollo y la futura fluidez en el lenguaje.

Matemáticas y lógica

Entre las edades de uno a cuatro años los niños desarrollan los primeros cimientos que le permitirán más tarde entender la lógica y los conceptos matemáticos. Durante este período las experiencias estimulantes pueden proporcionar los mejores beneficios. Hacer torres de bloques y derrumbarlas, unir cuentas con un hilo o contar una hilera de uvas pasas antes de comérselas una a una, son todas experiencias que desarrollan en el niño las mayores posibilidades de cimentar un óptimo pensamiento lógico y matemático. Los niños cuyas oportunidades se han visto limitadas en esta etapa, tienden por lo general a retrasarse con respecto a sus compañeros de escuela y generalmente deben hacer un mayor esfuerzo para alcanzarlos.

Desarrollo musical

Desde recién nacidos los bebés disfrutan de la música y cuando empiezan a caminar ya cantan y bailan con entusiasmo. Parece ser que la música es uno de los primeros estímulos que realmente deleitan a los niños pequeños. Por esta razón, muchos manuales de estimulación temprana recomiendan el estímulo del desarrollo auditivo de los niños utilizando para ello maracas y cascabeles, desde casi los primeros meses de vida de los bebés.

Sin embargo, muchos investigadores afirman que la ventana óptima para el verdadero desarrollo del pensamiento musical en el niño se abre a los tres años y comienza a cerrarse entre los diez y los doce años. Según esta teoría, aunque los adultos pueden de todos modos aprender a tocar un instrumento, tienen pocas posibilidades de desarrollar fundamentos neuronales verdaderamente sólidos para aprender, por ejemplo, a tocar de forma virtuosa.

Consejos prácticos para la aplicación de ejercicios de estimulación temprana

He aquí algunos principios y consejos básicos para la aplicación de ejercicios de estimulación temprana con su bebé:

- *Observar, luego estimular.* Es importante que los padres tengan en cuenta que una de nuestras tareas más importantes es observar el comportamiento de nuestros bebés, para saber cuáles pueden ser las actividades más significativas para ellos. Por muchos estudios, investigaciones y manuales que existan, todos los bebés tienen características únicas, y nuestra observación constante es siempre la principal aliada a la hora de decidirnos por un juego o ejercicio.
- *Deje que su bebé sea quien dirija.* Todas las experiencias de aprendizaje son más relevantes en la medida que quien aprende sienta que su papel es más activo. Siga la mi-

Aspectos básicos del desarrollo infantil 21

rada del bebé, observe qué señala, vea hacia dónde se dirige y luego introduzca sutilmente alguno de los ejercicios o actividades que aparecen en este libro o que usted haya inventado. Sintonícese con el mundo del bebé antes de proporcionarle una experiencia estimulante. Incluso, piense cuándo vale la pena interactuar con su hijo para inducirlo a participar en este tipo de experiencias. A veces lo único que él requiere es estar solo para investigar a sus anchas el mundo que lo rodea.

- *La estimulación está basada en la repetición.* Ustedes tienen al frente a su hijo de año y medio y el niño lleva cerca de cinco minutos cerrando y abriendo un cajón, ¿por qué no ser más creativos y cambiar de estímulo al bebé? Paciencia, señores padres, la estimulación de las conexiones cerebrales se basa en la repetición. Los actos repetitivos —tan aburridos, si los miramos con ojos de adulto— son un excelente signo de que el niño está aprendiendo de forma óptima. Otro ejemplo frecuente: el bebé de pocos meses deja caer un juguete de forma repetida cuando está sentado en el coche; usted lo recoge y lo regaña, sin darse cuenta de que... ¡el niño está creando su propio juego! El juego consiste en observar cómo cae el juguete al suelo. Tenga en cuenta que en este tipo de actos repetitivos, el bebé está desarrollando sus dotes de "pequeño científico".

- *Incorpore las actividades a las rutinas del niño.* Desde muy pequeños, nuestros bebés adquieren rutinas precisas que siguen metódicamente a lo largo del día. Aprovechar los momentos de la rutina diaria del niño como por ejemplo en la mañana, media hora después del desayuno, en las horas en que cae el sol o comenzando la noche, para realizar las actividades de estimulación, son maneras de que el niño asimile mejor sus ejercicios y que con el tiempo incluso los espere con entusiasmo.

- *Intente identificar los períodos de atención*. Es importante observar al bebé para identificar cuáles son los momentos del día en los que está más atento y tranquilo y por lo tanto más receptivo. Con el tiempo los padres aprenderán a identificar en qué momentos del día los niños están listos para aprender y en qué momentos no se encuentran en condiciones para recibir una estimulación de forma adecuada.

- *Rete a su bebé para que solucione sus propios problemas*. Parecería que el término "solución de problemas" fuera algo aplicable únicamente al serio mundo de los adultos. Sin embargo, es importante notar que existen realmente muy pocos momentos en nuestras vidas en los que no estemos solucionando un problema. Como padres es muy importante observar atentamente cuál es el problema que va a resolver nuestro bebé a la hora de incorporar un estímulo en su rutina diaria. El problema debe ser algo que lo rete y lo divierta.

Tomemos como ejemplo un estímulo para un niño de dos años, al que enfrentamos a un juego para encajar piezas de diferentes formas. ¿Deberíamos colocar nosotros mismos algunas piezas para que el bebé comprenda lo que se busca? ¿Guiar su mano para que las coloque correctamente? ¿Dejar que el niño enfrente el reto por sí solo? Según estudios de los principales psicólogos del desarrollo, el niño aprende mejor cuando es retado de manera no amenazadora o frustrante. Al comienzo, el niño de dos años a lo mejor necesita que un adulto coloque en su lugar algunas piezas, y luego le guíe la mano para que complete el diseño. Pero con un poco más de experiencia podrá colocar las piezas por sí solo, si usted las ubica en la dirección correcta. Unos meses más tarde, puede que el niño sólo requiera de una sugerencia verbal como por ejemplo: "¿por qué no intentas con una ficha de otro color?". Como adultos, debemos tratar de identificar cuál es el rango dentro del cual el niño puede lograr una tarea con éxito, para que sea retadora y divertida a la vez.

- *Fortalecer; no acelerar.* La estimulación temprana no pretende acelerar ningún proceso de desarrollo. Con la estimulación temprana no buscamos que nuestros bebés sean unos genios a los pocos meses. Más importante que esto: pretendemos fortalecer sus procesos de crecimiento para que de esta manera disfruten más de su proceso de desarrollo. No conviene esperar que nuestros niños sean geniales, ya es suficiente con que crezcan plenos y felices, disfrutando de cada una de sus etapas de desarrollo.

- *Y lo más importante... ¡disfrute!* Inevitablemente, por muchos manuales, libros e investigaciones que usted adquiera, compartir la vida con un bebé implicará enfrentarse a momentos caóticos y angustiosos. Ningún bebé crece sin sobresaltos, ningún ser se desarrolla de forma ideal y sin dificultades. La verdadera creatividad consiste en enfrentar el caos sin entrar en crisis; este es tal vez el principal consejo que le podemos dar a la hora de aplicar la estimulación temprana a su bebé.

Los primeros años de vida son importantes para el pequeño, pero también lo son para sus padres. Con la observación constante del crecimiento del bebé descubrirá facetas de su personalidad que quizá ignoraba: amor, ternura, atención, responsabilidad, impotencia, frustración, goce, tensiones. Todos estos descubrimientos lo harán sentirse feliz muchas veces, pero también tener que superar múltiples tensiones y dificultades. De manera que lo invitamos a que siga este último consejo que tal vez, debería ser el primero: a pesar de todas las angustias y dificultades que atraviese con su bebé, siga adelante, ríase de usted mismo, y sobretodo... ¡disfrute!

CAPÍTULO II

Actividades para niños entre los seis meses y los tres años

Guiados por una observación constante y minuciosa, los psicólogos que estudian el desarrollo infantil han podido identificar una serie de etapas o rangos de edad en las cuales los niños tienen comportamientos muy definidos. Muchos lectores sabrán, por ejemplo, que a los nueve meses los bebés por lo general comienzan a ponerse de pie sin necesidad de apoyo, a los diez dan pequeños pasitos sostenidos de ambas manos y a los doce hacen sus primeros intentos de caminar hacia todos los lados de la habitación con el apoyo de un adulto. Estos hechos pueden constatarse de manera precisa en las investigaciones que aparecen en la mayoría de manuales de estimulación temprana, redactados por educadores infantiles y psicólogos del desarrollo.

A continuación describiremos las principales etapas por las que atraviesa el niño a lo largo de sus primeros tres años de vida. Luego recomendaremos actividades para estimular diferentes aspectos de su desarrollo durante estos rangos de edad. Es importante anotar aquí que muchos de estos rangos pueden variar ligeramente entre diferentes niños. No se preocupe si su bebé tarda un poquito más de un año en aprender a caminar. Las etapas que aparecen aquí son datos de referencia útiles y no una camisa de fuerza que pueda dar pie a posibles preocupaciones. Recuerde lo dicho al final del capítulo anterior: este libro es para disfrutar plenamente nuestra aventura de educar y estimular a nuestros hijos.

> *Las etapas que aparecen aquí son datos de referencia útiles y no una camisa de fuerza que pueda dar pie a posibles preocupaciones.*

Primera etapa: de seis meses a un año

En la mayoría de libros y manuales la información que usted encontrará sobre el desarrollo de los niños está organizada por trimestres. Es decir, las actividades que usted hallará por lo general estarán clasificadas de la siguiente manera: de cero a tres meses, de tres a seis meses, de seis a nueve meses y así sucesivamente. Los ejercicios que aparecen a continuación corresponden a bebés entre los seis y los doce meses y trabajan principalmente sobre tres grandes categorías de desarrollo de las primeras etapas del bebé: usted encontrará ejercicios y actividades para estimular el desarrollo motor, el desarrollo sensitivo y el desarrollo emocional y afectivo de su hijo.

Las actividades para estimular el desarrollo motor responderán básicamente a la evolución de la motricidad del bebé: a los movimientos de su cabeza y de su cuello, de la columna vertebral y de las extremidades anteriores y posteriores, es decir, los brazos y las piernas. También se referirán a las diferentes posturas que adopta el pequeño a medida que van pasando los meses (acostarse primero boca arriba y boca abajo; luego, sentarse y posteriormente, ponerse de pie, por ejemplo) y a la manera como utiliza sus manos para desarrollar la capacidad de manipular objetos, de agarrarlos, soltarlos, acercarlos o llevarlos a su boca y, de esta manera, hacerlos parte de su vida.

Las actividades para el desarrollo sensorial se refieren a la capacidad de potencializar los sentidos del bebé: la vista, el tacto, el oído, el gusto y el olfato. Es esencial que los padres sean conscientes de la conexión que pueden establecer con sus hijos a través de los sentidos, en especial el tacto, el oído, el olfato y la vista. El bebé comprende que existe "el otro" cuando tiene la capacidad de tocarlo, mirarlo, olerlo y escucharlo.

Existen diferentes actividades para trabajar el desarrollo emocional y afectivo de los niños: estas son por lo general muy sencillas, pero, sabiéndolas interpretar y aplicar de forma óptima, adquieren especial importancia para que el niño logre construir una vida emocional y afectiva sana en el futuro. Antes de seguir, queremos compartir algunos datos y hechos importantes sobre cada uno de estos aspectos del desarrollo infantil de los bebés.

Desarrollo motor

Cuando un bebé tiene apenas unos meses de nacido, uno de sus principales retos será intentar girar la cabeza buscando los primeros estímulos visuales o sonoros. Su posición más frecuente será estar acostado boca arriba. Da-

da su corta visión, los objetos serán puestos en sus manos por sus padres o acompañantes, y existirá la tendencia a aferrarlos pero no a soltarlos. Poco a poco intentará movimientos que su pequeño cuerpo de acróbata le permitirá comenzar a hacer. A los cuatro meses, por ejemplo, intentará levantar la cabeza levemente en un intento por agarrar sus pies. A esa edad también intentará voltearse para acostarse boca arriba o boca abajo. Muy pronto, entre los cinco y los seis meses, intentará sentarse y llevará el pie a la boca, levantando la cabeza de la almohada. Entre los ocho y los diez meses, su bebé aprenderá a sentarse y a mantener su posición. También comenzará a gatear con soltura, desarrollando una buena coordinación de manos y piernas. Paulatinamente podrá aprender a pararse hasta que, a los nueve meses, ya se mantendrá parado solo. Entre los diez y once meses, el bebé ya podrá subir las escaleras gateando, hasta que, cumplido el año, gateará rápidamente y superará pequeños obstáculos.

Desarrollo sensorial

Se podría decir que, desde el nacimiento, el sentido del oído es el más maduro del bebé: el bebé escucha muy bien desde sus primeros meses de vida. Por el contrario, la vista del bebé es borrosa y la distancia de enfoque de la mirada, al principio, es muy corta. Su campo visual es reducido, dado que al principio le costará mucho trabajo girar la cabeza. Es interesante apreciar también que antes de los dos meses, los bebés fijan mucho la vista en un solo objeto o punto, mirándolo muy de cerca. Hacia los dos o tres meses, el niño ya no fijará tanto la vista en los objetos, más bien la apartará fácilmente para ponerla alternadamente en unos y otros. El tacto es uno de los sentidos que genera más conexiones cerebrales en los primeros meses de un bebé. Ejercicios que incluyan el tacto como por ejemplo, efectuar cortos masajes en sus extremidades o cambiar constantemente las texturas y formas de los objetos que toca, son actividades altamente estimulantes durante el primer año de vida del bebé. A diferencia de los sentidos anteriores, los sentidos del gusto y el olfato pueden ser reforzados un poco más tarde y de manera mucho menos planeada o dirigida.

Muchas de las actividades que aparecen en este capítulo pueden combinar el desarrollo sensorial con el desarrollo psicomotor. Esto sucede porque a veces los estímulos sensoriales servirán para desarrollar la motricidad del bebé y viceversa. Tenga en cuenta que cada uno de los ejercicios propuestos a continuación puede durar períodos muy cortos. No interesa tanto la duración, lo importante es hacer este tipo de ejercicio de manera constante, regular y repetida.

Desarrollo emocional

Muchas de las experiencias que viven los seres humanos en sus primeros meses determinan en gran medida la construcción de su vida emocional, de su relación consigo mismos, con los demás y con su entorno. Las actividades que proponemos aquí son muy sencillas, pero permiten hacer entender a los padres que bajo esa sencillez se esconde una gran profundidad. Vamos a citar un ejemplo concreto: cuando realizamos actividades de "esconderse" frente a nuestros hijos, o actividades que tengan que ver con los actos de aparecer y desaparecer, les estamos transmitiendo el mensaje de que no siempre van a estar con nosotros todo el tiempo.

El juego de esconderse se puede convertir en una respuesta creativa a las rupturas que el bebé enfrentará cuando su madre o su padre se tengan que ausentar. Ante el alejamiento de la madre o del padre, surge en el bebé la necesidad interna de elaborar –o crear– una escena que les permita entender que aquello que desapareció vuelve a aparecer o ser recuperado muchas veces. Usted podrá consultar este y otros ejemplos de actividades que le permitan contribuir a la construcción de una vida emocional y afectiva más sana e independiente en las actividades que aparecen a continuación.

Tenga en cuenta, además los siguientes consejos:

- No repita la actividad si nota que el niño no está disfrutando plenamente de ella.
- Tampoco realice ninguna de estas actividades cuando el pequeño se acabe de despertar.
- Descríbale a su bebé todo lo que está haciendo mientras realiza la actividad.

Con el tiempo usted descubrirá que el hecho de tener en cuenta estos tres últimos criterios implica realmente una diferencia en la estimulación de su bebé.

Actividades Sencillas
Para realizar con su bebé entre los seis meses y un año

Diseñar y construir un "gimnasio" para su bebé

Construir un entorno que sea familiar y apacible, pero que a la vez le permita al bebé una continua y segura exploración, es fundamental para su óptimo desarrollo. A continuación encontrarán algunas sugerencias para el diseño de este lugar, que, sin duda alguna, se convertirá en uno de sus sitios preferidos.

Para comenzar, diremos que es conveniente poner al bebé en una manta grande y acolchada sobre el suelo, de manera que se pueda desplazar y tomar juguetes y otros elementos que le parezcan interesantes o atractivos.

La siguiente clasificación resulta útil para orientar a los padres que deseen proporcionar a sus hijos juguetes y materiales de acuerdo con estas primeras etapas de desarrollo. Estos juguetes son recomendables hasta que el bebé cumpla el primer año de vida. Este listado es sólo una sugerencia. La lista puede enriquecerse de acuerdo con la propia observación de los padres sobre las características particulares de cada niño.

Mobiliario y equipamiento: columpio para el bebé y silla graduable para estar acostado y sentado (en la medida en que su desarrollo motor lo permita).

Motricidad gruesa: pelotas de colores vivos, muñecos grandes, juguetes que se puedan arrastrar.

Motricidad fina: sonajeros, chupetes, cajas para introducir unas en otras, juguetes para el baño y libros de tela.

Construir móviles

No necesariamente todos los objetos del gimnasio de su bebé deben ser comprados en almacenes o tiendas especializadas. Usted le puede proporcionar experiencias fascinantes a su bebé construyendo móviles hechos de objetos sencillos (las cucharas de plástico, o las cucharas para medir que por lo general vienen en colores muy vivos y presentan formas diferentes son un excelente objeto). Una vez consiga los objetos, cuélguelos sobre la cuna o incluso, cuando saque a su bebé al aire libre, construya un gimnasio provisional colgando algunos objetos de una rama de un árbol en un día soleado.

Actividades para ser desarrolladas por los padres

Es importante saber que el bebé nace dotado con los cinco sentidos, pero son sus padres quienes le permiten descubrir las experiencias más placenteras que el pequeño tendrá a lo largo de su vida; lo inician en el mundo de las sensaciones. Cantarle, masajearlo, mirarlo a los ojos mientras le habla, mimarlo y mecerlo, son acciones básicas que ayudarán a que el bebé y la madre o el padre se conozcan mutuamente. Las siguientes son actividades muy sencillas y propicias para que este acercamiento se haga de forma segura y divertida.

Crear estímulos para girar la cabeza

En sus primeros años de vida, a los niños les encantan los estímulos visuales y auditivos. Desde sus primeros meses, los bebés escuchan muy bien. Sin embargo, no pasa lo mismo con el sentido de la vista. Aunque los bebés no son ciegos cuando nacen, sí tienen al principio una distancia visual muy corta. La mejor distancia para presentarle algún objeto al niño durante sus primeros meses será

> *La mejor distancia para presentarle algún objeto al niño durante sus primeros meses será entre treinta y cuarenta centímetros.*

entre treinta y cuarenta centímetros. Los bebés al principio identifican sólo los contrastes de color, por esta razón se hace indispensable tener juguetes con líneas blancas y negras acompañados de colores vivos como rojo, azul, verde, amarillo entre otros. Los cascabeles y los objetos adornados con estos colores serán perfectos para brindar al bebé estímulos divertidos.

Utilice los cascabeles y los objetos de colores vivos para estimular los primeros movimientos de la cabeza. Debe saber que el bebé tendrá un campo visual muy angosto, intente reconocer usted mismo hasta donde va éste. Al principio, tenga el objeto quieto en un sitio y mire si realmente le atraen sus colores o sus sonidos. Haga esto en forma repetida. Luego, comience a mover el objeto de lado a lado hasta la extensión que usted reconozca como el campo visual del bebé, sin que éste tenga que mover todavía la cabeza. Acto seguido, aumente lentamente el campo visual hasta que el objeto desaparezca para el bebé. Con el tiempo, el niño comenzará a reconocer su propio campo visual. Este ejercicio también servirá para estimular conjuntamente el desarrollo de los músculos del cuello, los hombros y la columna vertebral.

Escuchar música juntos

Desde muy pequeños, a los bebés les encanta la música. Una de las formas más divertidas de estar con su bebé es creando una colección de música que le guste. Incluso, usted podrá utilizar algunas de estas canciones y temas para que el pequeño identifique las distintas etapas del día y genere rutinas adecuadas.

¿Dónde está el sonido?

Como ya vimos al principio del capítulo anterior, estudios recientes han comprobado que las experiencias musicales enriquecen la capacidad posterior de razonar en abstracto, sobre todo en relación con aspectos tan importantes como la lógica matemática y espacial. Emplear juegos que agudicen los conocimientos auditivos de su bebé ayudará a reforzar en el futuro el pensamiento lógico, matemático y espacial del niño. Algunos ejemplos de actividades fáciles que usted puede hacer, sobre todo a partir de los ocho meses, son las siguientes:

Tome una cajita de música y escóndala en algún lugar del cuarto del bebé. Déle cuerda y cuando suene pregúntele:

"¿Dónde está la música?" Cuando se voltee hacia el sonido, alábelo con entusiasmo. Repita este juego en diferentes partes de la habitación. Si ya sabe gatear, puede esconder el juguete musical bajo un cojín o en otro lado al que pueda acceder para llegar a la música.

Esconderse y aparecer

Uno de los primeros juegos que desarrollan los bebés es el de esconderse o "desaparecer". Este tipo de juegos, que parecen muy simples y divertidos, son fundamentales para que los pequeños comiencen a elaborar la angustia de la separación de la madre. Cuando el bebé o la madre se "esconden", el bebé comprenderá que no es tan grave estar alejado momentáneamente de ella. Aparecer y desaparecer, esconderse de la madre y que ella lo descubra, que la madre se oculte y vuelva a aparecer, o bien abrir los ojos y cerrarlos son juegos que le permiten al pequeño comprobar que las personas y las cosas desaparecen, pero que felizmente después vuelven a aparecer y se vuelven a recuperar.

Lanzar objetos y recuperarlos

Este tipo de juegos se manifiesta principalmente en los bebés que se encuentran entre los nueve y los doce meses de edad. Estos son por lo general actos repetitivos: lanzar y recuperar juguetes o abrir y cerrar puertas (que no sean peligrosas de abrir y cerrar). A través de este juego, el niño elabora la angustia que le produce la ausencia de la madre (por ejemplo, cuando la madre trabaja, sale de compras o se ausenta momentáneamente de su casa). El niño repite la situación a través de este juego como una forma de asimilar esta pérdida. Por ello, es muy importante rodearlo de objetos con los que pueda jugar lanzándolos y recuperándolos en su pequeño "gimnasio" durante este rango de edad.

Identifique su juguete preferido: él va a ser un compañero importante

Entre los seis y los doce meses el osito, la cobijita o el juguete preferido de los bebés son objetos simbólicos que sustituyen temporalmente a los adultos. La adopción de un juguete como compañero preferido es uno de los primeros actos creativos del bebé. Con ellos, los pequeños están creando un espacio intermedio entre ellos y el mundo que los rodea. Estos objetos son de vital importancia para el niño en el momento de acostarse, de viajar a un sitio desconocido o en los momentos de separación. Son una defensa que ellos mismos construyen para soportar la angustia que les generan tales experiencias.

Jugar con su cara

A los bebés les fascinan las caras, pues éstas tienen montones de partes interesantes que se mueven: ojos, nariz, boca y orejas, por ejemplo. Sáquele provecho a esta fascinación que tienen los bebés creando pequeños juegos que los sorprendan. Un ejemplo: guíe a su pequeño para que le toque la nariz. Cuando lo haga, sorpréndalo sacando la lengua. Cuando haya disfrutado un rato de este "efecto sorpresa" sorpréndalo haciéndole cosquillas, por ejemplo. Invente otras variaciones: inflar los cachetes, cerrar y abrir los ojos, por ejemplo.

Actividades para estimular la motricidad gruesa
(6 a 9 meses)

- Mi mamá es un túnel: apóyese en rodillas y manos queriendo formar con su cuerpo un túnel y luego invite a su bebé a pasar por debajo gateando. El túnel puede agrandarse invitando al papá o algún otro familiar para que se una. A su bebé le encantará.

- Facilítele a su niño o niña juguetes con diferentes colores, texturas, formas y sonidos, con el fin de que pueda iniciar la manipulación, trabajar el agarre y adquirir movimientos finos en sus manos.

- En esta etapa, los bebés tienen una fascinación especial por descubrir los objetos que están depositados en un recipiente o guardados en un cajón. Consiga un canasto o una bolsa de tela, haga de cuenta que es un tesoro que contiene objetos cotidianos (esponjas, cepillos suaves, envases desocupados de champú, motas de algodón, cucharas de palo, etcétera) o juguetes especiales para que su hijo los descubra, explore sus características y cultive su fascinación por descubrir tesoros desconocidos.

- Ponga a su bebé en posición bocabajo el mayor tiempo posible, mientras él realiza actividades que le permitan descubrir y crear movimientos nuevos.

Actividades para estimular la motricidad fina
(6 a 9 meses)

- Proporciónele a su bebé objetos de diferentes formas con los que esté poco familiarizado y que no pueda co-

ger todavía. Por ejemplo, un plato de cartón que sólo se pueda agarrar por el borde; un balón o un globo que debe asir con ambas manos; tapas de recipientes en posiciones diferentes (vertical, inclinada y horizontal). Todo esto con el fin de ejercitar la adaptación de la mano.
- Ponga en un recipiente uvas pasas pequeñas, para que comience a utilizar el dedo índice y el pulgar a manera de pinza. Cuando realice esta actividad, esté muy pendiente.

Actividades para estimular el desarrollo cognitivo (6 a 9 meses)
- Juegue con su bebé a cubrirse su cara con una toalla y diga ¿Dónde está…? ¿Dónde esta…? a la espera de que su bebé retire la toalla. Tan pronto el bebé lo haga, usted le dice: "¡Acá esta tú mamá!". Todos se ríen y el bebé aprende cuál es su parte del juego, quitar la toalla o aquello que cubre a la persona que se esconde.
- Escóndale objetos y haga que él los busque.
- Jugando a los opuestos: por ejemplo seleccione un objeto blando y un objeto duro, uno liso y uno rugoso, y permita que su bebé perciba las diferencias con el sentido del tacto.

Actividades para estimular el desarrollo motor grueso (9 a 12 meses):
- Ofrezca objetos que su bebé pueda jalar o empujar, objetos con plasticidad y elasticidad.

- Cuando estén en un parque tome un balón y lance el balón al lado opuesto para que gire su tronco.
- Cuando esté realizando actividades de exploración de objetos, pásele los objetos siempre al lado opuesto de modo que su bebé trate de cogerlos con la mano opuesta, para facilitar el cruce de la línea media del cuerpo.
- Tómelo por sus brazos para que salte sobre una superficie elástica (la cama, por ejemplo).
- Juegue con su niño o niña llevándolo como un avioncito. Esta posición implica mucha integración: mantenerse extendido trabajando la cabeza, los brazos y las piernas. Este ejercicio le ayudará a su hijo a rodar, ponerse de pie y caminar.
- Organice en la sala de su casa una pequeña pista con obstáculos como cajas, sillas, cojines, canastos, entre otros. Invite a su bebé a buscar uno de sus juguetes preferidos para que gatee entre los obstáculos. La flexión de la columna hacia el lado derecho y el izquierdo es muy importante.
- Luego, los padres podrán invitar al bebé a atravesar un obstáculo y pasar por debajo de algunos de ellos. Primero a través de espacios grandes hasta llegar a los más pequeños, acostumbrando a su hijo a desplazarse sin golpear su cabeza.
- Una vez su niño halla aprendido a caminar, con un balón en el suelo, muéstrele como darle patadas. Si aún no camina, llévelo de la mano al balón e indíquele como hacerlo.

Actividades para estimular el desarrollo cognitivo (9 a 12 meses)

- Con una lotería de animales, tome las fichas y póngalas en una bolsa o caja, saque una de las fichas y represente el sonido del animal, invite a su bebé a que lo imite y vayan descubriendo juntos nuevos sonidos de animales.
- Juegue con su hijo a nombrar las diferentes partes del cuerpo e irlas señalando.
- Déle a su hijo o hija un tambor con sus baquetas y enséñele a tocarlo.
- Póngale una cuerda a algunos de los juguetes y deje el cordel cerca para que el niño lo acerque.
- Ponga varios juguetes o pelotitas de colores en un recipiente grande con agua o en la bañera. Invite a su hijo a pescar los objetos que están allí con un colador mediano.
- Una actividad complementaria a la descrita anteriormente, consiste en hacer una selección de objetos que floten y otros que no (corchos, canicas, una cuchara de madera, bolitas de caucho, llaves, etcétera). Juegue con su hijo a ponerlos en un balde con agua o en la bañera para ver que sucede. ¡Será muy divertido descubrir esa propiedad que tienen los objetos!
- Ponga un chocolate entre un tubo de cartón de veinte centímetros de largo, entréguele un palo para que intente empujar el chocolate hacia afuera.

ACTIVIDADES PARA NIÑOS ENTRE 1 Y 3 AÑOS

Cuando comienza el segundo año de vida del niño la exploración se desarrolla con una mayor intensidad. Este es un período en el que el niño libera mayor energía, pues ya podrá dar sus primeros pasos y por eso tendrá la capacidad de experimentar un mayor control del entorno a través de sus actividades. El niño podrá vivir este control del mundo como algo diferente, a veces incluso se sentirá el centro del universo, pues el poder movilizarse le permitirá ganar no sólo en autonomía física sino que también modificará su concepción sobre todo lo que le rodea. A partir de esta etapa el pequeño gatea, trepa por las escaleras, se arrodilla e incluso camina sin ayuda. En general, ha aprendido a desplazarse y esto lo hace un ser mucho más independiente y seguro de sí mismo: ya no necesita la ayuda de un adulto para realizar acciones tan complejas como abrir una puerta o sacar un objeto de una caja para ponerlo en otra de un tamaño diferente.

El logro de la locomoción es el eje principal que orienta y acompaña los nuevos intereses del pequeño. Y a medida que va creciendo irá ganando seguridad en el control de su equilibrio corporal. Es en esta etapa cuando los niños comenzarán a adquirir el lenguaje: por ello tenderán a imitar ruidos de animales, a llamar a la madre, a girar la cabeza cuando se pronuncia su nombre y hasta querrán hablar en su propia jerga con

> *El logro de la locomoción es el eje principal que orienta y acompaña los nuevos intereses del pequeño.*

sus padres durante un largo rato... ¡como si sostuvieran una conversación de adultos!

En esta edad, los pequeños también comienzan a mostrar un gran interés por su entorno. Les gustará caminar, explorar y ¡cuidado! alejarse de su cuarto, su casa o su jardín. A esta edad los niños se excitarán ante la presencia de un juguete nuevo o un objeto desconocido y en general, serán considerados los "actores o actrices" de la casa y sorprenderán a sus padres con sus divertidos comportamientos. Esto implica también que el pequeño utilizará todo un repertorio de gestos para comunicar emociones a sus padres. Los adultos comenzaremos a reconocer con rapidez sentimientos del niño como placer, rabia, curiosidad, tristeza, alegría, confusión, necesidad de afecto o ansiedad, y nos sorprenderemos muchas veces al notar con qué velocidad pueden ellos modificar estos sentimientos y emociones.

Esta forma a veces confusa de comunicar los sentimientos es una de las maneras en que el pequeño experimenta sus propios límites con los demás. Por lo tanto, es importante aprender a tener paciencia frente a los continuos cambios de temperamento de nuestros niños: ellos están experimentando emocionalmente su relación con los demás y con su entorno.

La importancia de estimular los sentidos

En esta etapa la estimulación de los sentidos adquiere una importancia fundamental. Las salidas al aire libre se vuelven muy necesarias y divertidas para los niños, pues una de las misiones fundamentales de los padres será conseguir que el pequeño se sorprenda y admire lo que ve a su alrededor. A continuación encontrará algunos consejos para estimular los sentidos durante esta etapa:

El tacto

En esta etapa, sobre todo entre los 12 y los 15 meses, los niños se convierten en auténticos investigadores de objetos. Durante esta edad es muy frecuente que el niño pase una buena parte de su tiempo examinando las diferentes características de cuanto objeto tenga a su alcance. Estos objetos pueden ir desde juguetes hasta papeles y envoltorios de plástico. Los niños ejercitan toda una serie de acciones exploratorias con estos objetos que irán desde golpearlos contra distintas superficies, arrojarlos y dejarlos caer hasta observarlos y palpar el contorno de cada uno de ellos. Aprovechando estas dotes exploratorias del pequeño, usted puede estimularlo ofreciéndole materiales y objetos de distintas texturas, temperaturas y calidades. El niño disfrutará mucho conociendo a través del tacto telas, papeles, arena, barro, harina, madera, piedras, entre otros.

La vista

Los móviles, los objetos vistosos y los libros con imágenes grandes son una gran ayuda para estimular el sentido de la vista. A esta edad el movimiento causa mucha curiosidad a los pequeños: los juegos en los que ellos puedan tirar de un objeto con la ayuda de una cuerda, por ejemplo, son una forma de mostrarles que ellos mismos pueden ser los creadores de este movimiento.

El oído

Los sonidos naturales del viento, la lluvia, las olas del mar, los ruidos de la casa y los sonidos de los animales llaman mucho la atención a los niños de esta edad. Puede jugar con su hijo preguntándole cómo hacen las olas, cómo hace el mar y dándole pautas para que él imite este tipo de ruidos. ¡A los niños de esta edad les encanta imitar! También es aconsejable escuchar música con los niños. Enseñarles a seguir el ritmo con el cuerpo y danzar al son de la música son actividades sencillas que por lo general les encantan.

El olfato

Permita que el niño tome consciencia de los aromas de las flores y las frutas mostrándole lo divertido que es disfrutar de este tipo de olores. Mientras come, muéstrele también que muchos alimentos tienen aromas agradables: póngalo a oler el pan, el chocolate, la canela, el mango, la fresa e invítelo a disfrutar de estas exploraciones aromáticas. Los niños son muy sensibles a los aromas. Incluso en ocasiones, cuando son recién nacidos y están intranquilos, les basta con sentir el olor de su madre para tranquilizarse.

El gusto

A esta edad los niños se llevan a la boca casi todo lo que encuentran. Es muy importante que usted los invite a probar alimentos distintos y variados. Desde lo dulce hasta lo salado, pasando por lo amargo y lo ácido, lo simple y lo condimentado. No se preocupe por el hecho de que el bebé rechace al principio cierto tipo de alimentos, ya encontrará el momento para apreciarlos. Lo importante es permitir que los sabores que experimente tengan una amplia gama, esto le permitirá disfrutar mucho más de la comida en el futuro.

La importancia de los juegos durante esta edad

Durante este rango de edad es muy importante invitar a los niños a jugar. Jugar es el lema de esta edad, no importa que lo haga solo, en compañía de sus padres, de sus hermanos o de sus amigos. Sin embargo, si lo hace acompañado de sus padres, el niño tendrá posibilidades de explorar aún más a través del juego. El contacto con adultos a la hora del juego resulta crucial ya que le permite al niño comenzar a apropiarse del lenguaje. Hable cada vez que entre en contacto con su hijo: cuando le dé de comer, al vestirlo, al bañarlo, al acostarlo, etcétera. Es durante esta etapa cuando el niño comienza a disfrutar plenamente cuando usted le lee un cuento, indicándole qué pasa en cada episodio. Ayúdese con libros que tengan grandes ilustraciones. No se preocupe si el niño no comprende muchas partes, seguro que estará disfrutando de su lectura.

> *El contacto con adultos a la hora del juego resulta crucial ya que le permite al niño comenzar a apropiarse del lenguaje.*

Recuerde respetar las reglas de los juegos sin interferir en ellas

Para los niños en este rango de edad el juego es una forma de aprendizaje. De alguna manera, el juego se puede considerar el trabajo más serio durante la infancia: a través del juego a los niños se les brinda la oportunidad de aprender y experimentar. Por eso, no es prudente interferir abruptamente en los juegos de los niños o imponer un orden distinto del que ellos se inventaron. Para el pequeño, los juegos tienen una lógica interna muy rigurosa y muchas veces a los ojos de los adultos esta lógica resulta incomprensible. Mediante este método el niño está expresando su interioridad: por esta razón es fundamental respetar los temas, las reglas y los roles que asumen mientras juegan.

El juego simbólico

Entre los dos y los tres años los niños desarrollan juegos simbólicos. A través de estos juegos, ponen en escena situaciones como si fueran reales. Este método constituye una actividad altamente creativa. Los temas representados por los niños serán por lo general aspectos de la vida real, pero que se mezclan con otras situaciones imaginarias. Un ejemplo es que las niñas van a jugar a la mamá, y harán como que el papá se ha ido de viaje. El juego simbólico es fundamental en la evolución psíquica del pequeño, pues a través de él los niños construyen su propia realidad y su manera de interpretar situaciones conflictivas para ellos. En el juego simbólico, se pueden revivir experiencias conflictivas sin que se salgan de su propio control, y esto les permite elaborar este tipo de experiencias.

Actividades para niños entre uno y dos años

Actividades para estimular la motricidad gruesa (12 a 15 meses)

- Juegue con el niño para ayudarlo a caminar alrededor de una silla, de una mesa o de una cuna.
- Colóquese en el extremo contrario de donde se encuentra el niño y ofrézcale algo muy atractivo para que venga por ello.
- Pare al niño agarrado del borde de una silla o una caja y hálela lentamente para que camine con ayuda del apoyo.
- Entréguele un juguete de ruedas fijas e invítelo a halar del juguete. Indíquele la forma como debe caminar (girando la cabeza) para halar del juguete.

Actividades para estimular la motricidad fina (12 a 15 meses)

- Ponga en un recipiente o en una caja varios objetos distintos. Invítelo a tomar uno por uno los objetos y pasarlos a la otra caja. Cuando el niño tome cada objeto, dígale su nombre y deje que lo manipule, lo explore y lo toque por todos lados. Utilice objetos familiares y fáciles de encontrar como cucharas, fichas, tazas o frutas.
- Muéstrele cómo pasar las páginas de una revista o un

libro. Deténgase un momento en cada página y vaya narrando algunas ilustraciones. Enfóquese en el hecho de enseñarle que él mismo puede pasar las páginas y "leer" su libro favorito. En el capítulo VI usted encontrará reflexiones y ejercicios sobre la literatura en la primera infancia.

- Ofrézcale al niño tres o cuatro recipientes iguales en su forma, pero de diferentes tamaños. Demuéstrele cómo encajarlos unos con otros y anímelo a que lo intente.
- Sobre una mesa coloque varias bolitas y muéstrele al niño cómo empujarlas y hacerlas rodar con la mano abierta. Cuando el niño impulse la bola, regrésela al lugar inicial y pídale que la empuje de nuevo.

Actividades para estimular el desarrollo cognitivo (12 a 15 meses)

- En una revista, libro o láminas en que aparezcan figuras humanas, señálele al niño dónde están los ojos, la nariz, las orejas, al mismo tiempo que se las señala en la cara. Pídale después que las señale por sí mismo.
- Motive al niño a simular acciones y roles. Por ejemplo, dígale que haga como un gato, que camine como un pato, que corra y ladre como un perro, que conduzca un carro, etcétera.
- Enséñele que al lanzar un balón por debajo de una mesa, éste puede llegar al otro lado. Además, que para recogerlo no es necesario que él vaya por debajo de la mesa, sino que puede dar la vuelta alrededor.

- Ofrézcale al niño cajas vacías de todos los tamaños posibles y déjelo meter unas dentro de otras. Luego, muéstrele también objetos que no se pueden poner unos dentro de otros, pero que se puedan poner unos sobre otros y deje que el niño construya lo que quiera con estos elementos.

Actividades para estimular la motricidad gruesa (16 a 18 meses)

- Haga que el niño camine (con su supervisión) sobre una superficie elevada, una banca por ejemplo. Esto le permitirá trabajar sobre su propio equilibrio.
- Ingenie actividades al aire libre donde el niño se vea retado a sobrepasar pequeños obstáculos. Póngalo a correr en una determinada parte del juego, luego hágalo gatear para pasar por debajo de un pasadizo hecho con sillas por ejemplo, o con aros de plástico, luego dígale que pase una pelota de un sitio a otro o que cargue y descargue arena. Todo este tipo de juegos le encantarán y afianzarán su motricidad gruesa.
- Amplíe el repertorio de movimientos corporales para que el niño pueda imitarlos. Por ejemplo:

  —Miro al techo, miro al piso.

  —Me toco la cabeza, me toco las rodillas, me toco las orejas, me toco los pies.

  —Aplaudo.

  —Gateo e imito el ruido de un perro (y de otros animales).

–Llevo una pelota de un sitio a otro.

–Camino, luego corro, luego corro más rápido.

- Ponga en línea recta, a una distancia de unos cincuenta centímetros, una serie de objetos livianos, en principio no muchos (unos tres, por ejemplo). Pídale al niño que camine entre ellos en zigzag. Poco a poco puede ir aumentando el número de obstáculos y disminuyendo la distancia entre ellos.
- Dibuje una línea sobre el piso, luego haga que la línea dé vueltas como un laberinto. Pida al niño que camine sobre las líneas tratando de no salirse de ellas. Felicítelo cada vez que lo logre hacer bien, dibuje las líneas de colores sobre el pavimento, o utilice cinta para diseñar este pequeño laberinto infantil.
- Haga que el niño comience a diferenciar los pies y las piernas haciendo que levante una, luego la otra, luego una, luego la otra. Para ello puede ayudarle tomándole los pies, como si estuviera amarrándole los cordones de los zapatos.
- Ponga un objeto llamativo al final de la escalera e invite al niño a ir por el objeto. Puede hacerlo gradualmente, poniéndolo primero en los primeros escalones y luego aumentando la distancia.

Actividades para estimular la motricidad fina (16 a 18 meses)

- Ofrézcale al niño dos recipientes y una palita o cuchara con las que pueda pasar arena de uno a otro o ha-

cer montañas. Esto mismo lo puede hacer también con agua, bien puede ser al aire libre o a la hora del baño.
- Sentado frente al niño tome una pelota pequeña, del tamaño de la mano del niño, y pásela lentamente de una mano a otra cantando una canción o haciendo un ritmo sencillo o retahíla. Luego, invite al niño a realizar la misma tarea. Esta actividad debe ser realizada varias veces para que el niño consiga hacerla coordinadamente después de varios días.
- Apiñe una serie de objetos (pueden ser bloques de madera, por ejemplo) y con la ayuda de un balón pequeño invite al niño a jugar "bolos infantiles" tumbando estos objetos. La distancia debe ser muy corta, no más de un metro, en principio. Las primeras veces el juego será complicado, pero con el paso del tiempo no sólo lo irá perfeccionando sino que podrá ser muy divertido.

Actividades para estimular del desarrollo cognitivo (16 a 18 meses)

- Ponga una canción que le guste al niño y hágalo llevar el ritmo con las manos, con las palmas, con el cuerpo, o incluso, con un pequeño instrumento de percusión.
- Juego del dame y toma: ponga una serie de objetos entre usted y el niño. Señálele un objeto y dígale: "dame la cuchara", por ejemplo. Luego señale otro objeto y al señalarlo dígale: "ahora dame la pelota". Haga lo mismo con varios objetos. Luego tome usted cada uno de los objetos y entrégueselos al niño diciendo: "ahora toma la cuchara (la pelota, el muñeco, etcétera).

- En una fotografía de familia o de un cumpleaños invite al niño a identificar personas conocidas. Pueden ser sus amigos, sus familiares, sus hermanos, su papá, su mamá o su perro. Cada acierto, celébrelo con un aplauso. Esto también lo podrá hacer con objetos y animales.

Actividades para estimular la motricidad gruesa (19 a 21 meses)

- Permita que el niño salte pequeños obstáculos. Puede atravesar cuerdas entre los árboles, colocar un banco muy bajito, cualquier cosa que permita que el niño aprenda a dar pequeños saltos.
- Enseñe al niño a trepar sitios bajitos. Puede ser una escalera corta, un banco no muy alto o una montaña de cojines, por ejemplo.
- Puede dibujar sobre el piso una cruz, utilizando para ello una cinta gruesa. Enséñele al niño a caminar hacia delante, hacia atrás, luego hacia un lado y hacia el otro intentando que él no se salga de la línea mientras lo hace.
- Refuerce el desarrollo de las destrezas motrices del niño haciendo una breve clase de "gimnasia". Puede decirle que imite movimientos simples como brazos arriba, brazos abajo, brazos adelante, un paso adelante, un paso atrás, un pequeño salto.
- Enseñe al niño a pararse sobre un pie. Esta vez no sostenga su pie, más bien ayude a su hijo agarrándolo de la mano. Luego cambie de pie, para permitir que el

niño afiance su equilibrio sobre ambas piernas. Luego, y para seguir afianzando el equilibrio sobre cada uno de los pies, lo puede invitar a patear un balón.
- Intente hacer que el niño suba y baje escaleras. Utilice la ayuda de una baranda, de manera que el niño intente hacerlo de pie.
- Organice carreras con otros niños en las cuales lo hagan saltando, recorriendo distancias cortas. Enséñelo también a correr, a detenerse, a correr, a detenerse, alternadamente.

Actividades para estimular la motricidad fina (19 a 21 meses)

- Invítelo a leer junto con usted, pero utilice libros que tengan las páginas de papel más delgado. Pídale que pase las páginas él mismo.
- Pídale que ensarte objetos sencillos y grandes en una cuerda a modo de collar.
- Déle frascos con tapas grandes y enséñele a enroscar y desenroscar la tapa. Luego, ponga las tapas en desorden e invítelo a que él enrosque la tapa adecuada en cada uno de los frascos.
- Enséñele a pintar con diferentes materiales: crayolas, lápices de colores, marcadores, pasteles.
- Utilizando plastilina, invítelo a hacer bolitas de diferentes tamaños.

Actividades para estimular del desarrollo cognitivo (19 a 21 meses)

- Pídale que diga los colores de las cosas. Señalando distintos objetos pregúntele de qué color es cada uno de ellos.
- Ponga sobre una mesa objetos de tres o cuatro colores: preferiblemente los primarios. Dígale que le pase un objeto azul, o uno amarillo. Celebre los éxitos con un aplauso.
- Ayúdelo a diferenciar entre cosas grandes y pequeñas, utilizando toda clase de objetos.
- Déle objetos de colores para ensartar en una cuerda y hacer un collar. Pero dígale el orden en que van a ser ensartados los colores. Puede decirle que van a comenzar con los azules, seguir con los rojos y terminar con los amarillos, por ejemplo.
- Construya torres con cubos de colores.
- Enséñele el concepto de "adelante" y "atrás". Puede hacerlo con objetos, personas, con frutas, o inventar un juego con sus amigos; por ejemplo un gusano en el que quien va adelante salga corriendo y termine atrás cada vez que usted grite o dé una palmada.
- Salga a caminar con su hijo y cuéntele lo que hace cada persona que ven. Lo que hace un policía, un vendedor, un taxista, un panadero, por ejemplo. Trate de encontrar historias sobre cualquiera de estos personajes.
- Ponga sobre una mesa o sobre un mantel en el jardín una serie de objetos de tres o cuatro categorías sencillas (cucharas, pelotas, cubos) pero de distintos tamaños,

y pídale a su hijo que le pase el más grande, luego el más pequeño. Por ejemplo, la cuchara más grande, la cuchara más pequeña, la pelota más grande, la más pequeña.
- Reúna objetos de categorías diferentes y colores diferentes y enséñelo a combinar ambas. Pídale por ejemplo que le pase el carro rojo, la pelota azul, el muñeco verde, etcétera.

Actividades para estimular la motricidad gruesa (22 a 24 meses)

- Construya un sistema de puentes utilizando sillas, cajas, tubos grandes o lo que permita que el niño haga un recorrido exploratorio mientras gatea.
- Aproveche los andenes angostos para que su hijo camine sobre ellos tomado de la mano. Esto le permitirá afianzar aún más el equilibrio. Haga lo mismo pero caminando hacia atrás, caminando rápido, despacio, deteniéndose y alternando todas estas posibilidades.
- Motive al niño a saltar, a brincar, a trepar. Esta es una de sus actividades preferidas a esta edad.
- Anímelo a hacer toda clase de juegos en que el niño alterne velocidades. Puede decirle que primero vamos a caminar despacio como un gigante, luego rápido como un gato. Todos los juegos de este tipo son recomendables en este rango de edad.
- A esta edad también puede enseñarle a manejar el triciclo, supervisándolo y ayudándolo constantemente sobre todo al principio.

- Invítelo a saltar de diferentes formas: que salte muy alto como una rana, que haga saltitos pequeños como un insecto, que haga grandes saltos como un canguro.
- Organice carreras en las cuales haya estaciones, y entre cada una de las estaciones los niños tendrán que saltar de una forma diferente (tome como referencia el ejercicio anterior).
- Pídale al niño que salte al sonido de las palmas. Amague a veces que va a dar un aplauso y no lo haga, para que el niño aprenda el manejo rítmico del cuerpo. También puede alternar velocidades o hacerlo al ritmo de una canción, por ejemplo.

Actividades para estimular la motricidad fina (22 a 24 meses)

- Enseñe a su hijo a manipular objetos pequeños. Puede darle cantidades pequeñas de fríjoles, guijarros, bolitas de plástico, cubitos y otros objetos, pidiéndole que se los pase en las cantidades que usted diga. Por ejemplo, le puede pedir que le pase dos fríjoles, luego una bolita, luego todos los cubos y otras cosas por el estilo.
- Puede hacer una variación interesante pidiéndole que no se los pase a usted sino de una mano a otra.
- Enseñe al niño a pintar las primeras figuras sencillas. Puede comenzar únicamente con figuras circulares: el humo de un tren cuando sale de la chimenea, una rueda de bicicleta, una cara con sus ojos y su boca.
- Pídale al niño que dibuje rayas de diferentes colores sobre una hoja de papel. Luego puede pedirle que dibuje

rayas de arriba hacia abajo (verticalmente) o de un lado a otro (de forma horizontal). Luego puede mostrarle objetos que tengan rayas.

- Enséñele al niño a rasgar papel periódico y luego a hacer bolitas con el papel.

Actividades para estimular el desarrollo cognitivo (22 a 24 meses)

- Llévelo al parque y pídale que recoja palos largos y palos cortos.
- Ponga sobre una mesa objetos largos y cortos y pídale indistintamente que le muestre los unos y los otros.
- Muéstrele los colores blanco y negro y enséñele a diferenciarlos de todas las formas que se le ocurra. Puede hacerlo utilizando tarjetas, dibujos, objetos, diciéndole que los saque de una caja y diga si son blancos o negros, o diciéndole que saque sólo los negros, luego sólo los blancos. Intente evitar cualquier tipo de asociaciones racistas o de valores, como: el blanco es bueno, el negro es malo, o cosas por el estilo.
- Recorte figuras de diferentes colores y pídale al niño que pegue sobre una cartulina primero las verdes, luego las azules, luego las negras, etcétera.
- Enséñele de mil formas distintas (todas las que se le ocurran, ayúdese de muchos de los ejemplos anteriores) la diferencia entre "arriba" y "abajo".
- Haga una especie de juego de "lotería". Para eso, meta en una caja pares de objetos iguales y dígale a su hijo que vaya sacando una cuchara y luego la otra cuchara

de la caja, luego una naranja y la otra naranja, etcétera.
- Invente otras versiones de juegos que le permitan entender a su hijo la diferencia entre objetos iguales y objetos diferentes.
- Invéntese actividades sencillas para que el niño encuentre la diferencia entre un círculo, un triángulo y un cuadrado (pasar el dedo por los contornos de cada una de estas figuras puede ser una de estas actividades).
- Invéntese juegos simbólicos sencillos. Por ejemplo dígale a su hijo que van a ir a comer y haga como si estuvieran comiendo, vamos a bañarnos y hacen como si se estuvieran enjabonando, enjuagando, secando. Luego introduzca emociones y sensaciones en el juego: qué rico se siente la toalla, salgo al bosque y tengo mucho frío, etcétera.
- Enséñele al niño, a través de un juego (puede ser con cajas y objetos) la diferencia entre "lleno" y "vacío". Puede ser también pasando agua de un vaso a otro, y mostrándole que primero el vaso estaba lleno y luego vacío.

Actividades para niños entre 2 y 3 años

A partir de los tres años, el crecimiento de los niños transcurre de forma más lenta que antes. Sin embargo, aspectos básicos del desarrollo como la motricidad fina y gruesa, la socialización con otros niños y los juegos realizados al aire libre pueden contribuír muy favorablemente al sano crecimiento de sus hijos.

Motricidad gruesa

En esta edad, los adultos deben ser muy observadores de las actividades que desarrollan los niños, especialmente las actividades al aire libre. Permitan que ellos carguen o trasladen objetos que tengan algún peso, pues esto estimula el desarrollo del niño.

Incentívelos también a ejecutar saltos con un solo pie o lanzar una pelota con una misma mano de forma reiterada. Este tipo de actividades son muy importantes para desarrollar la lateralidad del niño y a la vez son ejercicios físicamente adecuados que permiten estimular también el desarrollo diferenciado de cada uno de los hemisferios cerebrales.

Permítale a su hijo también hacer pequeños saltos desde alturas cortas, en superficies suaves (colchones, pasto, arena) pues esto estimula la protección de las articulaciones que en esta edad tienen predominio de tejido cartilaginoso.

Permítales también trepar por un plano vertical (cuerdas con nudos, por ejemplo). En esta época la musculatura tiene potencial de ser trabajada diferenciadamente para reforzar brazos y piernas.

Desarrollo cognitivo

Es importante que durante esta edad su hijo desarrolle la memoria, pues esta será la base del aprendizaje durante sus siguientes años de edad escolar. Para tal efecto, puede por ejemplo, ocultar objetos debajo de una manta y preguntarle cuántos objetos recuerda, o hacer juegos con cartas e ilustraciones que él pueda recordar.

El hecho de que él le cuente qué hizo durante el día, o que le cuente cómo le fue donde su amigo también es una forma de estimular su memoria.

Motive también todo tipo de juegos de atención: juegos de encajar, rompecabezas sencillos, juegos para armar bloques, etcétera.

Desarrollo social

Durante esta edad es muy importante fomentar la independencia del niño. Por ejemplo, déjelo comer solo aun a pesar de que sea un tanto torpe y ocasione regueros. Igualmente, permítale que él mismo se vista y se desvista, aunque tenga dificultades para abrocharse o desabrocharse algunas prendas. Cuando el niño pueda realizar cualquiera de estos logros es recomendable reconocerlo de manera que este tipo de actividades diarias refuercen al mismo tiempo su autoestima.

Es posible que esta "independencia" le produzca al niño algo de mal humor al principio. No se preocupe por esto, es parte del proceso.

Trate de controlar sus actitudes de intolerancia, agresividad o preocupación, pues el niño es muy dado a adoptarlas como propias a esta edad y adherirlas a su carácter.

Permítale al niño elegir todo lo que pueda elegir: su ropa, sus juguetes, los colores que le gusten. Esto estimula su independencia de expresión, que va desarrollando también otros aspectos de su personalidad y de su autonomía.

Realice actividades motrices que tengan niveles interesantes de reto para su hijo, con el fin de que vaya adquiriendo seguridad en sí mismo. Durante algunas de estas actividades, deje que experimente frustraciones cuando esté tratando de hacer algo. Esto desarrolla su competitividad de una forma positiva y le permite desarrollar su autonomía.

Fomente el juego solo: provéalo de juguetes y objetos con los que él pueda jugar sin ninguna compañía.

Desarrollo del lenguaje y habilidades comunicativas

Toda actividad en la que usted se comunique con su hijo y lo ayude a organizar sus ideas a través del lenguaje son ampliamente recomendables durante esta edad. Motívelo a diferenciar entre el tiempo pasado y el tiempo presente. Motívelo a contarle anécdotas y pregúntele qué hizo antes y qué hizo después.

Lea con él y no deje de suministrarle libros sobre los que usted pueda conversar con él. Invítelo a que elija temas preferidos y que tengan significado para él. La comunicación es otra forma muy adecuada de reforzar la independencia del niño durante esta edad.

SEGUNDA PARTE

ENTRE LOS 3 Y LOS 10 AÑOS

INTRODUCCIÓN

Preguntar curiosamente sobre todo lo que les rodea, imaginar de forma desbordante, socializar a través de los juegos y los deportes de equipo, querer saberlo todo sobre el funcionamiento de las máquinas, los seres y las cosas, pelearse con sus compañeros, reírse y disfrutar del humor, comer dulce hasta el cansancio, leer tiras cómicas y ver televisión, tener sus primeros ídolos, hacer maldades, sufrir de pesadillas, tener miedos y sueños, hacer travesuras, ir al colegio por primera vez, sentirse a veces pintores, músicos, científicos, princesas, reyes o bailarinas... estas son algunas de las acciones y actitudes que caracterizan a los niños entre los tres y los diez años: una edad en que los niños comprenden los valores principales de la vida, construyen su personalidad y van identificando cómo quieren ser en el resto de su vida.

Es difícil encontrar otra edad en la que sea más retador el papel de los padres y en que sea más retador el desafío de ser creativos.

Es difícil encontrar otra edad en la que sea más retador el papel de los padres y en que sea más retador el desafío de ser creativos. Esta parte del libro tiene como objetivo permitir a los padres y las madres encontrar oportunidades de comunicarse con sus hijos de formas divertidas y novedosas, ayudar a que sean capaces de proponer actividades y retos frente a los cuales sus hijos se sientan más motivados.

El mundo actual está cada día más saturado de información y estímulos distintos: el computador, el internet, los juegos electrónicos, la televisión, los medios masivos, las promociones publicitarias y los centros comerciales. Sin embargo, muchas veces toda esta información no es más que un obstáculo para poder hacer que nuestros hijos sean más activos y creativos frente al mundo que van a enfrentar. Las actividades que aparecen en esta segunda parte están diseñadas para promover este papel de padres creativos: padres y madres que sorprendan a sus hijos y los motiven a desafiarse, a aprender de múltiples maneras, a desarrollar diversos tipos de pensamiento y a resolver problemas de maneras novedosas y enriquecedoras, encontrando así maneras de enfrentarse a este mundo cada día más complejo.

Los capítulos que componen esta segunda parte son:
- ¿Qué pasaría si…?
- Jugando con los sentidos
- El niño que ve, el niño que pinta
- Los libros, nuestros mejores amigos
- Jugando con las palabras

Cada capítulo puede ser leído y desarrollado independientemente de los otros. Ninguno es requisito para trabajar el siguiente, por lo cual usted puede abrir cualquiera de ellos cuando quiera. Los capítulos comienzan siempre con una breve parte teórica que antecede a los ejercicios y actividades que aparecen por rangos de edades, como en la primera parte de este libro.

Buena suerte y... ¡que sigan disfrutando!

CAPÍTULO III

¿Qué pasaría si…?

Actividades para despertar la creatividad en los niños

Como ya vimos en la primera parte del libro, los sentidos son una de las primeras puertas que tienen los pequeños para descubrir todo lo que los rodea. Cuando un niño tiene la posibilidad de distinguir entre la rugosa corteza de un árbol y la suavidad de la cáscara de un durazno está descubriendo las primeras diferencias que existen entre estos objetos. Luego, el niño experimenta el peso, los colores y las formas de cada uno de ellos, utilizando la vista y el tacto. Datos adicionales le serán proporcionados por los sonidos y la música, por los sabores amargo, ácido, dulce o salado y pronto también el olfato entrará a jugar un papel importante en sus decisiones para ver qué le gusta o qué prefiere.

Posteriormente, el niño comienza a caminar y de esta manera gana autonomía: el hecho de poder moverse de un lado para otro le permite tener un mayor protagonismo en sus exploraciones y descubrimientos. No hay ser más incansable que un niño que comienza a caminar. Al cumplir un año aproximadamente, edad en que casi todos los niños comienzan a caminar de forma independiente, las madres, padres y acompañantes adoptan un oficio nuevo en sus vidas: se convierten en perseguidores profesionales de esos seres que todo lo quieren explorar, recorrer y caminar.

Algunos meses más tarde el niño adquiere el lenguaje. Con la aparición del lenguaje comienza a ser una persona mucho más social y a sorprenderse con la magia de las palabras, esos sonidos que tienen significado. Entonces el niño se da cuenta de que puede decir cosas para comunicarse con otros niños; de que puede expresar a sus padres que tiene hambre o sueño, que está feliz o que está triste; de que puede incluso pronunciar frases que le suenan muy graciosas a

> *El lenguaje incorpora también una forma distinta de aproximarse al mundo: con él, el niño se da cuenta de que es capaz de formular preguntas que lo van convirtiendo poco a poco en un pequeño científico a quien todo le sorprende y, por esta razón, todo lo pregunta.*

los adultos y eso le produce sorpresa y regocijo. El lenguaje incorpora también una forma distinta de aproximarse al mundo: con él, el niño se da cuenta de que es capaz de formular preguntas que lo van convirtiendo poco a poco en un pequeño científico a quien todo le sorprende y, por esta razón, todo lo pregunta. A esta edad los niños adquieren una enorme capacidad de razonar, comparar, clasificar, diferenciar, agrandar o reducir los objetos que encuentran a su paso a través de su desbordante imaginación. Es en esta edad (entre los tres y los seis años) cuando ellos más disfrutan sabiendo que pueden imaginar lo que quieran: una manzana gigante, una ciudad dentro de su bolsillo, un bosque habitado por animales parlantes o un duende que habita en el armario de su habitación.

Muchos psicólogos afirman que cuando el niño comienza a ser dueño de su propio lenguaje desarrolla una capacidad especial para disfrutar con actividades y juegos que desafíen su creatividad y reten su lógica. A esta edad los niños comienzan a construir historias divertidas, a jugar con los números, a preguntarse sobre los misterios del mundo, a tratar de descubrir cómo funcionan las cosas y cuáles son los mecanismos que mueven el interior de los aparatos, las máquinas de su casa, cómo funciona el cuerpo humano, etcétera. En esta etapa de constante exploración mental los adultos podemos jugar un papel muy importante si nos lo proponemos. Con sencillos ejercicios que sirvan para retar la lógica de los niños podemos permitir que ellos descubran la importancia de jugar con los diferentes tipos de pensamiento que van adquiriendo y, de esta manera, desarrollen su capacidad creadora.

Creatividad: conceptos básicos

Es importante comenzar diciendo que no es lo mismo creatividad que inteligencia. Aunque la capacidad creadora tiene a veces relación con la capacidad intelectual, ambas tienen muchas diferencias. Por ejemplo, los tests de inteligencia que se utilizan muchas veces para medir el coeficiente intelectual de las personas sólo tienen en cuenta una pequeña parte del funcionamiento total de la mente. La escuela trabaja muchas veces estableciendo un énfasis en el pensamiento lógico matemático de los niños y promoviendo métodos educativos que diferencien claramente entre lo correcto o la "solución apropiada" y lo incorrecto o la "solución inadecuada". Sin embargo, en este capítulo vamos a ver que la educación de nuestros hijos debería ir mucho más allá de estos aspectos. El psicólogo Víctor Lowenfeld, uno de los mayores estudiosos del campo de la educación artística y el desarrollo humano afirma que es mucho más importante desarrollar la capacidad creadora que otros tipos de destrezas en los niños, dado que la primera no es fácil de adquirir más tarde. Es muy fácil identificar a un niño de cuatro años como un individuo creativo dado que a esta edad casi todas las personas poseen una imaginación vívida y una enorme curiosidad por las cosas que los rodean. Sin embargo, algunos investigadores han descubierto que cuando el niño llega a los ocho o nueve años parece mucho menos creador y esto se acentúa aún más en los primeros años de la escuela secundaria. De esta manera, como ya vimos en la primera parte del libro, el desarrollo de la capacidad creadora de nuestros hijos debe fomentarse con especial énfasis cuando está abierta la "ventana de oportunidad" adecuada. Esto ocurre generalmente entre los tres y los diez años de edad.

El desarrollo de la capacidad creadora de nuestros hijos debe fomentarse con especial énfasis cuando está abierta la "ventana de oportunidad" adecuada.

La creatividad y la resolución de problemas

Desde sus primeras definiciones a mitades del siglo pasado, los psicólogos cognitivos han venido relacionando la creatividad con la habilidad que tienen las personas de solucionar problemas de múltiples formas. A simple vista, uno creería que las personas creativas no tienen problemas. Sin embargo, por lo general, sucede todo lo contrario: las personas más creativas son individuos capaces de inventar múltiples problemas y, sobre todo, son capaces de jugar y divertirse con los problemas.

Pongamos un ejemplo para comprender mejor: queremos diseñar un mueble para el estudio de nuestra casa. Podríamos comenzar a jugar con el problema y pensar en que el mueble tenga dos, tres o cuatro patas. También podemos imaginar un tipo de mueble especial que no requiera patas. El mueble podría estar sobre el piso o pegado a la pared. Lo podemos pensar de madera o metal, de una fibra diferente, de colores fuertes o suaves. Podemos diseñarlo con cajones o sin cajones, con un vidrio en la mitad, o con un sitio para guardar el computador. Nuestro problema inicial es el diseño de un mueble para el estudio de nuestra casa. Sin embargo, lo estamos haciendo de una forma creativa. ¿Qué significa exactamente que lo estemos haciendo de forma creativa?

Las dos etapas de formulación de un problema

Al enfrentarse a cualquier tipo de problema las personas dividen su solución por lo general en dos partes: una primera es aquella durante la cual uno juega con un problema y formula múltiples alternativas posibles antes de casarse con una de ellas para llegar a su solución. Esta etapa es conocida como la etapa divergente de un problema.

Existe otra etapa durante la resolución de un problema, una etapa posterior por lo general, y es cuando le damos a éste una solución única. Esta es conocida como la etapa convergente del problema.

Por lo general en la escuela se nos enseña a llegar a la solución de un problema utilizando únicamente la etapa convergente. En la mayoría de los problemas a los que se enfrenta un niño en la escuela, el éxito de su razonamiento se reduce a una respuesta correcta o a la solución más rápida y apropiada. Ayudar a nuestros hijos a desarrollar su creatividad implica promover el desarrollo de un estilo de pensamiento creativo cuando solucionan sus problemas. El pensamiento creativo es aquél que pasa necesariamente por una etapa divergente antes de llegar a dar una solución única a un problema. Existe cierto tipo de interrogantes que se relaciona con hechos o respuestas concretas como por ejemplo: ¿Cuáles son los colores primarios? ¿Cuál es la capital de Francia? ¿Puedes nombrar uno de los tres colores primarios? Pero también existen preguntas frente a las cuales podemos llegar a dar múltiples respuestas antes de tener que definir cuál de estas respuestas puede ser útil o correcta. Preguntas de este tipo podrían ser: ¿Qué pasaría si todo el mundo fuera ciego? ¿Qué parecidos existen entre un árbol y una mosca? ¿Qué colores te hacen sentir alegre? ¿Qué pasaría si tú fueras una rana? El principal valor de las preguntas divergentes radica en que éstas

> *Ayudar a nuestros hijos a desarrollar su creatividad implica promover el desarrollo de un estilo de pensamiento creativo cuando solucionan sus problemas.*

requieren que el niño observe el problema desde muchos puntos de vista y participe de una forma mucho más activa, imaginativa y comprometida en su resolución. Este tipo de preguntas puede dar origen a muchos juegos. Por ejemplo, si estamos trabajando con un grupo de niños podemos proponerles juegos como estos: vamos a imaginar que todos caminamos como gigantes, que todos volamos como águilas, que todos somos árboles, entre otros. Juegos que introduzcan alternativas en las cuales en un principio ninguna es mejor que las otras es una forma de introducir en sus hijos un estilo de pensamiento creativo, que posteriormente les servirá para aprender a resolver problemas de una forma diferente.

Características de las personas creativas

¿Cómo son las personas creativas? Psicólogos cognitivos y evolutivos, entre ellos J.P Guilford, Paul Torrance y Howard Gardner han establecido ciertas características que comparten todas las personas creativas. Veamos a continuación cuáles son algunas de estas características y qué tipo de actividades podemos idear para brindarles a nuestros hijos una educación que promueva estas habilidades:

Las personas creativas son capaces de producir muchas ideas con respecto a un tema

Una de las principales causas de la falta de creatividad en muchas personas es el miedo al error. Otra es la poca promoción que le dan los adultos a la imaginación de los niños durante la infancia. El italiano Gianni Rodari, uno de los escritores más prolíficos en temas de pedagogía infantil solía decir: "No hay por qué maravillarse si la imaginación en nuestras escuelas es tratada todavía como pariente pobre a favor de la atención y la memoria". Refiriéndose a Rodari, una niña italiana decía que con él había aprendido que el trabajo en la escuela era mejor hacerlo riendo que llorando. ¿Cómo se puede trabajar en la escuela riendo? Una forma puede ser proponer un tema a los niños para que ellos lleguen a muchas ideas diferentes. No importa si las ideas son buenas o malas, lo importante es permitir que los pequeños se acostumbren a lanzar muchas ideas relacionadas con un tema específico. Un ejemplo para trabajar con sus hijos puede ser el siguiente: invente un tema cualquiera y rételos a lanzar el máximo número de ideas en torno de éste. Ejemplos posibles para temas divertidos pueden ser los siguientes:

> *No importa si las ideas son buenas o malas, lo importante es permitir que los pequeños se acostumbren a lanzar muchas ideas relacionadas con un tema específico.*

- ¿Qué pasaría si todo el mundo fuera ciego?
- ¿Cómo serían las ciudades si pudiéramos volar?
- ¿Qué parecidos podemos encontrar entre una nube y una mesa?
- ¿Qué tipo de animales podemos imaginar combinando dos animales que ya existen?
- ¿Qué sucedería si el mar estuviera hecho de miel?

- ¿Qué sucedería si estuvieras encogiéndote todos los días en vez de crecer?
- ¿Qué sucedería si los elefantes pudieran volar?
- ¿Qué sucedería si la gente tuviera tres ojos?
- Haz un listado de todas las cosas redondas que conozcas.
- ¿Qué cosas conocemos que se puedan comer y sean de color rojo?
- ¿Qué parecidos podemos encontrar entre una televisión y un gato?

Para una mayor ilustración sobre este tipo de ejercicios, mostraremos a continuación un listado de respuestas desarrollado por niños de 5° grado en un colegio en Acarigua, Venezuela. Agradecemos el aporte de la profesora y educadora experiencial Gabriela Vicentini:

¿Qué pasaría si todo el mudo tuviera 4 brazos?

–Nadaríamos más rápido
–Las obras de títeres serían más dinámicas
–Los ventrílocuos tendrían más de un personaje
–Los DJ serían más eficientes
–Existirían menos peluqueros
–Los arqueros se equivocarían la mitad de las veces
–Tendríamos treinta dedos
–Los desodorantes tendrían doble éxito
–En los restaurantes contratarían sólo a la mitad de los meseros
–No existiría la frase: "¡Ya va! Sólo tengo dos manos".

—Los videojuegos serían el doble de difíciles
—Los mocosos tendrían problemas
—Los extraterrestres creerían que somos sus primos
—Las esposas serían cuatro pulseras pegadas
—Mi mamá nos podría dar una mano a cada uno al cruzar la calle
—Sería más fácil limpiarme cuando voy al baño
—Cambiaría el récord del baño más rápido

Las personas creativas se inventan problemas donde otras personas no los ven

Cuando el físico Albert Einstein era apenas un niño, uno de los primeros problemas que se inventó fue: ¿Qué pasaría si yo me fuera montado en un caballito de luz? Este problema inicial se fue complicando con datos adicionales durante el resto de su vida. Una redefinición posterior fue: ¿Qué pasaría si otros niños viajasen en caballos de luz más rápidos que el mío? Años más tarde, Einstein propuso un problema adicional: se imaginó que un hombre caía por un hoyo sin fondo y, de repente, se le salían unas llaves del bolsillo de su pantalón. ¿Qué caería más rápido —se preguntaba Einstein— las llaves o el hombre? Este ejemplo nos demuestra uno de los rasgos más importantes de las personas creativas: son capaces de inventarse múltiples problemas, de subdividir el problema en varias partes; incluso, se dice que las per-

> *Las personas creativas: son capaces de inventarse múltiples problemas, de subdividir el problema en varias partes; incluso, se dice que las personas creativas se "enamoran de sus problemas".*

sonas creativas se "enamoran de sus problemas". ¿Qué tipos de problemas podemos inventar con nuestros hijos? ¿Qué tal si construimos una casa en el jardín? ¿Pero con qué la podemos construir? ¿Qué tipo de casa podemos hacer? ¿De qué tamaño? ¿Qué materiales nos gustaría usar? ¿Qué pasaría si todos en la casa tuviésemos cuatro brazos? ¿Cómo viviríamos? ¿Qué haríamos los fines de semana? ¿Qué sería lo que más nos gustaría hacer? ¿Podríamos hacer un dibujo de la familia con cuatro brazos? ¿Qué tal si hacemos una biblioteca para nuestro hijo de un año? ¿Por que no hacemos con él lecturas en voz alta y lo invitamos a que pinte la parte del cuento que más le gustó? Todas estas son formulaciones de posibles "problemas" que en este momento no existen. Esta es precisamente una de las principales actitudes de las personas creativas: inventar problemas.

Desde muy pequeños, los niños están enamorados del juego de resolver cosas. En lugar de entrar en pánico cuando no entienden algo, los niños muchas veces se emocionan ante el reto. Los padres pueden fomentar esa curiosidad de muchas formas. Una de las más efectivas es también la más fácil: demostrar ellos mismos una gran curiosidad. Un niño que crece oyendo que sus padres les proponen ideas y problemas nuevos para resolver será mucho más creativo en el futuro. Señores padres y madres de familia: los invitamos a hacer una lista de posibles problemas que ustedes pueden "inventarse" para mejorar las relaciones con sus hijos. He aquí algunos ejemplos ¡busque usted algunos más!

¿Cómo podemos hacer para negociar con nuestro hijo diferentes aspectos como: acostarse más temprano, tener una hora para hacer los deberes, sacar mejores notas?

¿Por qué no hacer una lista de posibles actividades para compartir con nuestros hijos después de la cena?

¿Por qué no inventarnos un día en que las cosas funcionen "al revés"? ¿No sería divertido que los niños jugaran a ser padres durante una mañana, por ejemplo?

¿Cómo podemos hacer para que los viajes en carro con nuestros hijos sean más divertidos?

¿Qué tal si un día hacemos todos el mercado juntos y hacemos una "carrera" para ver quién termina primero de encontrar los diferentes artículos?

Las personas creativas están dispuestas a cometer errores.

La idea de que la educación debe ser un trabajo serio es una de las ideas más difíciles de combatir. Una de las razones por las cuales los niños se emocionan ante los retos que presenta lo desconocido es que ellos, por lo general, no sufren de paranoia frente los errores que puedan cometer. Sin embargo, muchos padres de familia y profesores de escuela son muy severos en la forma como castigan el error, lo cual no hace que los niños sean perfectos, más bien hace que no intenten nada. Si los padres de un niño son excesivamente serios y perfeccionistas ¿cómo se supone que su hijo sepa que en su caso está bien comportarse de modo diferente?

Muchos estudios realizados por psicólogos cognitivos y evolutivos demuestran que las personas creativas están dispuestas a cometer errores o a decir disparates, porque saben que esto hace parte de su proceso creativo. El error es un camino casual para alcanzar la verdad: muchos de los

> *Las personas creativas están dispuestas a cometer errores o a decir disparates, porque saben que esto hace parte de su proceso creativo.*

grandes inventos y descubrimientos han sucedido gracias a que sus autores cometieron históricos errores. El descubrimiento de América es una prueba de ello. Sin una increíble secuencia de informaciones erróneas el navegante genovés Cristóbal Colón nunca hubiera sido capaz de haber llegado a las Indias Occidentales. Inventos como el de la vulcanización del caucho, o descubrimientos como el de la penicilina también ocurrieron gracias a "errores memorables".

El error también tiene que ver con el sentido del humor, con no tomarnos tan en serio las cosas. En casi todas las sociedades ha existido siempre un personaje que relativiza la seriedad y la solemnidad de las situaciones, las personas y los gobernantes. En las sociedades cortesanas este personaje se llamaba el bufón. El bufón se encargaba de burlarse del poder del rey y de cuestionar la rigidez de los poderosos. El poder es serio porque es la regla. Frente al poder, lo cómico resulta liberador, porque nos da permiso de violar la regla. Este es el papel del bufón, demostrar a la gente que la perfección no lo es todo en la vida. La parte cómica, lo ridículo y la equivocación estaban representados por el gorro de cascabeles que llevaba el bufón y contrastaba con la solemne corona del rey. La risa deja ver las cosas de otro modo, relativiza la realidad y muestra que el "rey" no siempre tiene la razón. No obstante todo lo anterior, nosotros los adultos tenemos una natural aversión hacia el error. Promover ambientes donde sea posible y esté permitido cometer errores y decir cosas absurdas es una manera de estimular la creatividad en sus hijos. ¿Cómo lograr esto? A continuación le proponemos algunos ejemplos. Dígale a su hijo: "Hoy vamos a dibujar animales, pero animales que nos parezcan feos". Es muy posible que a muchos niños les encante esta propuesta, pero puede que a otros que le temen al hecho de cometer errores o a no ser perfectos les atemorice esta actividad. Invítelos sutilmente para que realicen esta clase de ejercicios, seguro que éstos serán de gran ayuda para este tipo de niños. Invítelos a hacer muecas ridículas antes de irse a acostar, de despedirse, de darle las buenas noches o de ir al colegio. Otro ejemplo: Imagine que usted le cuenta a su hijo que la granja de su tío se enloqueció: que ahora los cerdos dicen ¡*miau!* y las gallinas dicen ¡*guau!* Esto le produce mucha risa a los niños entre cuatro y cinco años, por ejemplo. Enseguida, usted le puede preguntar a su hijo cómo hacen los caballos en la granja de su tío, o los patos, o los pollos. El niño se dará cuenta, no sólo de que puede decir cosas graciosas, sino que entenderá una de las bases del humor: el absurdo.

Las personas creativas son capaces de combinar mundos remotos.

Las personas creativas son capaces de hacer analogías inusuales y combinar mundos remotos. Es muy fácil combinar la palabra lápiz con la palabra cuaderno. Pero el mundo puede tornarse mucho más divertido e interesante si aprendemos a combinar la palabra árbol con la palabra pestaña: ¿Podemos imaginar un árbol con pestañas, por ejemplo? Inmediatamente se nos puede ocurrir la historia de una señora árbol que se arreglaba las pestañas por las noches antes de dormirse. En este momento nuestra imaginación comienza a jugar con muchas más posibilidades, pues la absurda combinación de las dos palabras produjo una especie de pequeña catástrofe en nuestro cerebro, lo que nos llevó a pensar en algo absolutamente nuevo. El gran pedagogo italiano Gianni Rodari afirmaba que una de las mayores fuentes de inspiración para los niños parte de este tipo de propuestas creativas de pensamiento combinatorio.

Una vez, impartiendo una de sus clases en la ciudad de Arezzo (Italia) preguntó a sus niños:

—*¿Quién escoge dos palabras?*

—*Zorra* —*dijo una niña.*

—*Lámpara* —*dijo un niño.*

—*Tenemos dos palabras* —*dijo Rodari*—; *una escogida por una niña y otra elegida por un niño. Ahora casemos estas dos palabras y veamos qué hijos le nacen. Nacerá algo, ¿verdad?*

—*¡Zorras luminosas!* —*dijo otro niño.*

—*¡Eso ya es una idea! ¿Por qué no nos cuentas la historia?* —*le preguntó Rodari.*

—*Un día, una zorra entró en un agujero y encontró una lámpara. Entonces la lámpara decidió casarse con la zorra porque ambas estaban solas. La zorra tuvo zorritos luminosos, pero estos zorri-*

tos luminosos nunca podían atrapar a su presa porque eran vistos desde lejos...

Todas las historias que producían los niños en la escuela de Arezzo eran así de maravillosas; historias simples y maravillosas. Y la mayoría de ellas provenían de esta combinación aleatoria de palabras remotas, ejercicio que Gianni Rodari bautizó como el binomio fantástico.

¿Cómo puede usted fomentar este tipo de habilidad en sus hijos? Usted puede inventar binomios fantásticos al estilo de los propuestos por Gianni Rodari: por ejemplo, pídale a su hijo que se invente una historia que combine los binomios de palabras gallina y tornillo, ombligo y árbol, o nariz y vacaciones, por ejemplo. Usted podría hacer también tarjetas que tuviesen palabras como éstas, y decirle a su hijo que saque dos tarjetas para que le cuente una historia. Después, puede sacar otras dos tarjetas y contarle una breve historia usted también. Si usted es profesor de un colegio, puede también decir a sus alumnos que encuentren semejanzas entre objetos que a simple vista parecen imposibles de asociar. He aquí algunos ejemplos, tomados también de los ejercicios de escritura creativa que la profesora Gabriela Vicentini desarrollaba con sus alumnos de 5º grado en un colegio de Acarigua, Venezuela:

¿En qué se parecen una mosca y un árbol?
– *Ambos tienen partes verdes*
– *Los dos mueren congelados*

– *Ambos se reproducen*
– *Los dos son muy difíciles de matar*
– *Ninguno puede cantar*
– *Los dos llegan muy alto*
– *Ambos tienen varias especies*
– *Ninguno tiene sentido del humor*

¿En qué se parecen la vida y una nube?
– *Ambas pasan volando*
– *Las dos son finitas*
– *Las dos se deshacen*
– *Cuando se cargan se ponen grises*
– *Nadie puede tocar sus partes*
– *Ambas van y vienen*
– *En ambas hay lágrimas*
– *Ambas las consigues en muchos sitios*
– *Cuando finalizan sus ciclos ambas se desvanecen*
– *Cuando finalizan sus ciclos intercambian lugares*

Las personas creativas aprenden a ser libres dentro de las limitaciones que se les imponen.

Antes de que un niño pueda ser creativo tiene que aprender a ser lógico. Sólo podemos ser creativos si somos capaces de encontrar la libertad dentro de las limitaciones que nos presenta la vida. Muchas veces se asocia la palabra creatividad con el libertinaje

> *Sólo podemos ser creativos si somos capaces de encontrar la libertad dentro de las limitaciones que nos presenta la vida.*

o la ausencia de reglas. Incluso, algunos autores relacionan la capacidad creadora con el valor opuesto a la conformidad y esto no siempre es verdad. En nuestra sociedad tenemos que conformarnos en gran medida con ciertas restricciones que significan seguridad para nosotros y para los demás. Ser creativos comienza por comprender las reglas de los juegos, saber cuáles son las limitaciones que tenemos o aprender la técnica de un arte como la danza, la música o la pintura. Los músicos de jazz pasan una gran parte de su vida tocando escalas musicales con su instrumento, lo que les permite conocer las reglas de forma precisa. Luego, una vez han conocido y practicado escalas en tonos menores y mayores durante muchos años pueden improvisar con su instrumento, siendo capaces de transmitir a sus oyentes una sensación de absoluta libertad. Conocer las limitaciones y la lógica de las cosas es fundamental para poder jugar de la mejor manera dentro de estas reglas y limitaciones. Este es el tema central de la película *La vida es bella*. En ella, Roberto Benigni nos muestra de forma poética cómo logró sobrevivir a la opresión de un campo de concentración en compañía de su hijo, utilizando para ello maneras astutas de vivir dentro de las opresoras y terribles reglas impuestas por los soldados alemanes. En esta obra maestra del cine confirmamos que una parte importante de la creatividad consiste en buscar la libertad dentro de las limitaciones que se nos imponen.

¿Cómo fomentar este tipo de actitudes en los niños?

Un aspecto importante para tener en cuenta a la hora de planear una actividad con nuestros hijos consiste en no aumentar el nivel de libertad que los niños ya tienen de por sí gracias a su imaginación. Según muchos estudios el ambiente de "haz lo que quieras" parece ejercer una influencia tan negativa sobre la creatividad como un medio autoritario. Si el niño le pregunta: ¿Qué puedo pintar, papá?, la peor respuesta que usted podría darle es: ¡Lo que tú quieras! Cuando un niño hace este tipo de preguntas está pidiendo precisamente que usted le ayude a poner límites a su desbordada imaginación: dígale que dibuje a su superhéroe preferido, o que se invente un superhéroe con poderes especiales. Dígale que dibuje lo que más le gustó de las vacaciones, o que pinte el animal que más le guste. Esta "limitación" será muy útil para que el niño sea más creativo. La creatividad es siempre un equilibrio entre la libertad y la limitación. Demasiada libertad no es buena, pero demasiadas limitaciones tampoco lo son. En este orden de ideas, identifique siempre qué tipo de énfasis debe darles a las actividades que propone a sus hijos.

> *La creatividad es siempre un equilibrio entre la libertad y la limitación.*

Piense también cuál es la actitud de sus hijos frente a las reglas y limitaciones que se les presentan. Demasiada conformidad por parte de ellos tampoco es buena. Como adultos debemos asegurarnos de que las presiones a favor de la conformidad de nuestros hijos queden limitadas a aquellos sectores donde son necesarias para el bien de la sociedad. Probablemente el momento más crítico para el pensamiento creador en los niños sea el momento en que comienzan a asistir a la escuela primaria. Allí se estructuran las actitudes iniciales de los niños frente a las reglas de la vida, frente a la libertad y frente a la posible conformidad que puedan asumir ante las situaciones que enfrentan. Por esta razón, nuestra labor como padres es ayudar a los niños a distinguir las reglas, que son necesarias, de las limitaciones que ellos mismos se imponen asumiendo papeles de conformidad: negociar con ellos y darles razones sobre las reglas que existen constituye una tarea fundamental para permitir el fomento de una actitud más creativa en ellos durante el resto de sus vidas.

Actividades para despertar la creatividad en los niños

¿Qué es esto? (3 a 5 años)

A medida que los niños aumentan su repertorio inicial de palabras comienzan a sentir una inmensa alegría trastocando los nombres de los objetos. Recuerde que en estas primeras edades "hacerse el tonto" es una de las primeras muestras de la creatividad. Para jugar con este hecho, señálele cualquier objeto a su hijo y pregúntele de qué objeto se trata, pronunciando siempre nombres equivocados. Si por ejemplo está señalando una media, dígale que se va a poner el pantalón. Si ve llegar a la tía pregúntele que cómo se llama la abuela, incluso cámbiele el nombre de alguien y muérase de la risa con estas "equivocaciones".

La hora de las cosquillas (3 a 5 años)

Uno de los campos fundamentales para la creatividad de los niños son la risa y el humor. Invéntese pequeños trucos para que usted y su hijo se rían juntos. Uno muy adecuado puede ser hacer cosquillas, que a los niños pequeños los sorprenden y les encantan. Un juego muy antiguo que sirve para sorprender al niño al hacerle cosquillas consiste en indicarle al niño los dedos de su mano, uno por uno, diciendo:

Este chiquito compró un huevito
Este flaquito lo preparó,
Este largote puso la mesa,
Este fue el tonto que lo sirvió...
¡Y este pícaro gordo se lo comió!

Y le hacemos cosquillas debajo del brazo mientras decimos la última línea. Este es sin duda uno de los juegos preferidos de cualquier niño pequeño.

El teléfono banano (3 a 5 años)

No sólo trastocar los nombres de las cosas les parece divertido y creativo a los niños de estas edades. También podemos sustituir los usos de las cosas como una forma de fomentar la creatividad de nuestros pequeños. Utilice un banano para hablar por teléfono, intente mirar a través de un tarro como si fuese un telescopio. ¡Muéstrele a su hijo que usted también puede hacerse el "tonto" con él! Es importante volver a recordar que durante esta edad la creatividad y el humor están mezclados. Por esta razón, intente reírse de todos los acertijos que su hijo le pone, hágase el que no sabe qué va a salir del sombrero aunque su hijo le haya hecho este truco más de una vez. En otras palabras, tenga la paciencia para dejarse sorprender y celebrar las ocurrencias humorísticas de sus hijos.

Diccionario infantil (6 años en adelante)

Una de las actividades más interesantes para que sus hijos aprendan a utilizar el lenguaje de forma creativa es invitarlos a definir palabras. ¿Qué es la luna? ¿Qué es un gato? ¿Quién es el presidente? ¿Qué es el silencio?

Muchas veces, a los niños les puede costar un poquito este ejercicio. Por ello, usted puede utilizar frases que ellos puedan completar, para facilitar de esta manera el ejercicio. Podemos decir a nuestros hijos que completen la frase: la tristeza es cuando... el silencio es cuando... la alegría es cuando... O, por ejemplo, para preguntar sobre los diferentes oficios, les podemos pedir a nuestros hijos que nos ayuden a completar la frase: el presidente es un señor que... el carpintero es un señor que...la enfermera es una señora que...

A continuación presentamos algunas definiciones producidas por niños entre 6 y 8 años:

MAMÁ: Señora con pelo largo que me quiere.
EDIFICIO: Piso con varios pisos en el mismo piso.
GATO: Animal bonito con pelos.

Mímica de animales (6 años en adelante)
Introduzca en una bolsa de tela o en un sombrero fotos o dibujos de animales conocidos. Elija uno al azar y haga la mímica para que su hijo adivine de qué animal se trata. Luego permita que sea su hijo quien realiza la mímica para que usted adivine. Este puede ser un ejercicio sencillo y sumamente divertido.

Relatos con exageración (6 años en adelante)
Construya con su hijo un relato divertido, exagerando las situaciones y las características de los personajes. Inicie el relato y haga una pausa para que el niño lo complete con una descripción exagerada. Por ejemplo, puede comenzar diciendo: –Esta es la historia de Juan El Gigante. Juan El Gigante era tan alto que cuando iba por la calle su cabeza se chocaba contra...(aquí le pregunta a su hijo contra qué chocaba su cabeza: el niño podría decir por ejemplo las nubes, las cuerdas de la luz, etcétera). Entonces usted podría seguir contando la historia diciendo: –Cada vez que la cabeza de Juan se chocaba contra las nubes, comenzaba a llover y llovía tan duro que...(y nuevamente su hijo completa la frase). El ejercicio puede durar un largo rato. Es importante que usted le dé a su hijo algunos ejemplos de alternativas antes de que participe.

Preguntas de descubrimiento guiado (8 años en adelante)
Las preguntas de descubrimiento guiado son una forma divertida de adivinanza, que permite que los niños com-

prendan la capacidad que tiene la mente de pasar de lo general a lo particular. Para ello, usted puede comenzar la adivinanza, diciéndole a su hijo:

- Estoy pensando en un animal. ¿En qué animal crees que estoy pensando?

  Como el dato es muy general, es muy posible que su hijo no pueda adivinar de qué animal se trata. Entonces usted podría agregar:

- El animal en el que estoy pensando tiene alas. ¿En qué animal crees que estoy pensando?

  En este momento, comenzamos a dar datos cada vez más particulares:

- El animal en el que estoy pensando vive por lo general en una cueva. ¿En qué animal crees que estoy pensando?
- El animal en el que estoy pensando se parece a Batman. ¿En qué animal crees que estoy pensando?

  Este tipo de ejercicios es muy útil para que el niño comience a organizar su mente, aprendiendo a pasar de lo general a lo particular.

Misterios de un minuto (8 años en adelante)

El término "Misterios de un minuto" se utiliza para definir pequeñas historias que tienen soluciones divertidas, a veces ridículas y sorprendentes. Muchos de estos misterios de un minuto se han convertido en parte de la tradición oral de los campamentos de verano y son utilizados en días lluviosos, como una forma creativa de pasar un buen rato y de despertar en los niños formas diferentes de pensar. Para resolver este tipo de misterios, reúnanse con sus hijos y cuéntenles el "misterio". Luego, dígales que pueden hacer preguntas a las que usted pueda contestar "Sí", "No" o "No es relevante" hasta que lleguen a la solución del enigma. Los misterios de un minuto son una herramienta increíble para despertar el pensamiento creativo en los niños y también en los adultos. Pueden jugar con ellos en las horas de comida, en un viaje largo en automóvil o en un día lluvioso. Estos misterios de un minuto son realmente divertidos.

A continuación narraremos algunos misterios de un minuto con sus respectivas respuestas:

El extraño comportamiento del señor Robles.
El señor Robles sale a trabajar todos los días muy temprano. Él vive en el décimo piso de un edificio de apartamentos. Cuando el señor Robles regresa del trabajo le ocurre una cosa muy curiosa: si el tiempo es lluvioso, él sube viajando por el ascensor hasta el décimo piso. Pero en días en que no hay lluvia, solamente sube por el ascensor hasta el sexto piso y para ascender los otros cuatro pisos utiliza las escaleras. ¿Podrías explicar por qué el señor Robles se comporta de esta misteriosa manera?

Respuesta: El señor Robles es muy bajito de estatura. En los días de lluvia carga con su paraguas y este objeto le ayuda a alcanzar el botón del piso 10. Pero cuando no lleva paraguas, es decir, en días en que no hay lluvia, su altura sólo le permite alcanzar el botón del piso 6.

El revólver y el vaso con agua
Un hombre entra a un bar y pide un vaso con agua. El dueño del bar se agacha, saca un revólver y le apunta en la cabeza. El cliente le agradece, se da media vuelta, y sale del bar. ¿Cómo puede usted explicar este suceso tan raro?

Respuesta: El hombre tiene hipo, y por eso pide un vaso con agua. Al apuntarle con un revólver el dueño del bar le quita el hipo.

El hombre que apaga la luz
Un hombre entra y apaga la luz de su casa. Al día siguiente se da cuenta de que produjo la muerte de cien personas. ¿Cómo es esto posible?

Respuesta: ¡El hombre vive en un faro! Al apagar la luz de su casa (del faro) un barco se estrella y mueren muchas personas.

Una zanahoria, dos naranjas y un banano.
Un niño abre la puerta de su casa y encuentra una zanahoria, un banano, dos naranjas y un charco de agua sobre el suelo. El niño comienza a llorar desconsoladamente. ¿Puedes explicar lo que sucedió para que el niño se pusiera tan triste con la escena?

Respuesta: ¡Al niño se le derritió su muñeco de nieve!

El hombre y el morral

En la mitad de un desierto, te topas con un hombre muerto. El hombre lleva puesto un morral en la espalda. No hay ninguna huella a su alrededor, ningún objeto adicional tampoco. ¿Puedes descubrir qué le sucedió?

Respuesta: ¡Al hombre no se le abrió su paracaídas!

Julio César y Cleopatra

Entras en tu habitación y encuentras a Julio César y a Cleopatra muertos sobre la alfombra. Alrededor de ellos hay muchos vidrios rotos y un charco de agua. ¿Qué crees que sucedió?

Respuesta: Julio César y Cleopatra son dos pescaditos y se acaba de caer el acuario sobre la alfombra.

CAPÍTULO IV

Jugando con los sentidos

Hemos visto en la primera parte de este libro cómo los bebés descubren a través de los sentidos los colores, las texturas y las formas de los juguetes que sus padres les ofrecen. Ellos consiguen afianzar su primera relación con los objetos a través de la vista, luego los aprietan entre sus manos y el tacto les brinda una mayor información sobre sus texturas y sus formas. Luego los agitarán para descubrir si estos objetos producen algún sonido. Muy seguramente, también querrán que su exploración pase por el sentido del gusto (y es que, a cierta edad, los bebés se llevan todo a la boca) y más tarde será también el olfato el que los guíe a querer algo o rechazar algo.

Los cinco sentidos son grandes maestros en nuestro paso por la vida: guiar a nuestros hijos para que exploren su entorno a través de los sentidos es una de las mejores formas para que ellos interactúen con el mundo que los rodea y aprendan sobre él de una forma divertida. Veamos a modo de introducción algunos datos curiosos sobre cada uno de nuestros cinco sentidos. Estas curiosidades le permitirán disfrutar mucho más de las actividades que aparecen en este capítulo y, si

> *Los cinco sentidos son grandes maestros en nuestro paso por la vida.*

se anima, inventar muchos más ejercicios divertidos para compartir con sus hijos.

La vista

El sentido de la vista depende de un número infinito de pequeños y complejos procesos. Uno de los hechos más curiosos del sentido de la vista radica en que cuando vemos algo, cada aspecto está siendo captado por partes separadas del cerebro. Una parte capta el color, otra la forma, otra al movimiento, y milagrosamente todos estos datos llegan a nuestra consciencia como si fueran uno sólo. Si usted levanta la mirada y ve un reloj, la imagen de su esfera, el color del reloj y el movimiento circular del segundero se procesarán por separado, así usted crea que tiene una imagen unificada.

¿Cómo funciona exactamente la visión? Imagínese que usted está viendo un cuadro colgado de la pared de su casa. La experiencia visual comienza cuando la luz rebota en el cuadro, entra a través de la pupila y el cristalino y llega finalmente a la retina. Allí, la imagen del cuadro se invierte y las células sensibles a la luz –llamadas conos y bastones– la convierten en un mensaje de pulsos eléctricos. Estos pulsos eléctricos viajan a través del nervio óptico –tenemos un nervio óptico por cada uno de los dos ojos– para finalmente ser procesados y comprendidos por nuestro cerebro.

Las células sensibles a la luz –los conos y los bastones– son muy curiosas y especializadas. Los conos son responsables de la visión del color y de gran parte de nuestra percepción visual durante el día. Diferentes conos son más receptivos al color rojo, otros al amarillo y otros al azul. Estos tres colores primarios, en sus múltiples combinaciones, son los que procesan los conos para ver todos los otros colores que percibimos los seres humanos. Los bastones no distinguen la diferencia de colores, pero nos proporcionan la mayor parte de nuestra visión cuando el ambiente está oscuro. Los bastones eran especialmente útiles para los primeros seres humanos que cazaban de noche. Pero hoy en día nuestras habilidades visuales dependen mucho más de los conos que de los bastones, pues somos animales diurnos que además utilizamos luz artificial en la noche.

La mayoría de los animales que cazan muy bien de noche tienen una proporción diferente de conos y bastones, es decir, tienen una mayor cantidad de bastones y una menor cantidad de conos. Esto sucede porque su vida ocurre la mayoría del tiempo en la oscuridad. Debido a este hecho, gran parte de los felinos como el tigre, el león o el gato, pueden ver muy bien de noche, pero no pueden distinguir colores.

Las imágenes reales que nos llegan a la consciencia son una mezcla entre lo que el ojo recibe y lo que el cerebro procesa. Por ejemplo, las ilusiones ópticas que aparecen en las revistas y los libros de ciencia son una especie de batalla entre lo que el ojo ve y lo que el cerebro entiende. Esta pequeña confrontación permite diseñar algunos de los sorprendentes ejercicios y juegos relacionados con la visión que aparecen en este capítulo.

El oído

La capacidad de oír es el resultado de un complejo mecanismo que depende del trabajo coordinado de pequeños huesitos. Al escuchar un sonido, las vibraciones de éste llegan al primero de ellos llamado el tambor. El tambor es el encargado de traducir estas vibraciones sonoras en energía que se propaga hasta otros dos huesitos situados en el oído medio: el yunque y el estribo. Estos estimulan el caracol, una cavidad con forma de espiral que, como su nombre lo indica, nos recuerda a este tipo de concha marina. En el caracol se crean una especie de retumbos, como cuando uno le pega con un palo al tronco de un árbol pequeño. El caracol contiene unos pelos finísimos llamados cilios, que se doblan en una dirección u otra dependiendo del tipo de vibraciones sonoras que fueron enviadas. Determinadas células de estos pelos son sensibles a determinadas frecuencias sonoras y diferentes niveles de volumen. El movimiento de los cilios se convierte en señales eléctricas que terminan siendo enviadas como mensajes de sonido al cerebro.

La capacidad para detectar la localización espacial de los sonidos constituye un avance evolutivo muy especial para los seres vivos. Los animales que podían localizar el sonido tenían una ventaja crucial, pues podían huir a tiempo de sus depredadores utilizando este sentido. Hoy en día esta capacidad no es tan necesaria para la supervivencia del hombre, por lo cual hoy ya no identificamos tanto la localización de los sonidos como la calidad, el timbre y el volumen de los mismos. Esta capacidad se agudiza aún más en los seres humanos, pues nos acostumbramos con el tiempo a escuchar y disfrutar de ciertos sonidos producidos de forma armoniosa llamados música, añadiendo un sentido estético y placentero a nuestro acto de escuchar sonidos.

Uno de los aspectos que más nos distinguen de otros animales es el hecho de que nuestras orejas no están dirigidas hacia el frente, como las de muchos otros animales. Esto hace que nosotros no tengamos que girar la cabeza para identificar los sonidos. Animales como el ciervo, el búho o el gato deben girar su cabeza para captar las vibraciones de sonido y así poder escuchar. Sin embargo, los animales que poseen las orejas hacia el frente tienen un oído muchísimo mejor que el nuestro. El complicado sistema de ecolocación de los murciélagos está basado en la arquitectura de sus oídos. Sus orejas están situadas hacia el frente, y en relación con el tamaño de su cuerpo, son unos de los animales más orejones que existen. Si nuestras orejas tuvieran las proporciones en relación con el cuerpo que tienen los murciélagos, Mickey Mouse sería un individuo con orejas pequeñas en comparación con nosotros.

Otro aspecto interesante del sentido del oído consiste en el hecho de que aun dormidos, podemos captar los sonidos. Es uno de los sentidos que más "despierto" se mantiene durante todo el día. Tenemos la fortuna de que esto sea así, pues de otra manera, los relojes despertadores serían absolutamente inútiles y tendríamos que inventar sistemas para despertarnos con aromas, vibraciones, caricias o golpes. Sin lugar a dudas, somos muy afortunados al mantener despiertos los oídos aun en nuestras horas de sueño.

El olfato

El olfato es tal vez el sentido más antiguo y menos conocido. Los olores pueden tener efectos poderosos: pueden asustarnos, intrigarnos, espantarnos o confortarnos. El sistema olfativo tiene una conexión breve y directa con los centros de la memoria. Esto se debe a que la distancia que existe entre el sitio donde se encuentran los nervios olfativos y los centros cerebrales relacionados con la memoria, llamados el hipocampo y la amígdala, es muy pequeña. Esto hace que los aromas nos susciten muchas veces recuerdos muy vívidos. Existe otro hecho curioso: las mujeres tienen un sentido del olfato más agudo que el de los hombres y tienen incluso una capacidad aun mayor de captar olores en ciertos momentos de su ciclo menstrual.

Nuestro sistema olfativo reconoce cientos de olores desde el nacimiento y está preparado sobre todo para captar más tarde aquellos que indican peligro, como los de los alimentos podridos, por ejemplo. Pero el sentido del olfato se entrena también con la experiencia, como lo demuestra la enorme capacidad de captar y distinguir distintos aromas que tienen los creadores de perfumes y los catadores de vino profesionales. Nuestro organismo es capaz de reconocer y distinguir potencialmente hasta cerca de diez mil olores diferentes.

El gusto

Al igual que el olfato, nuestro sentido del gusto se desarrolló muy pronto en la evolución. En un principio el gusto era utilizado por el hombre para protegerse de la ingestión de posibles plantas o animales que pudieran hacerle daño a su organismo. Sin embargo, con el paso del tiempo el gusto también sirvió para enriquecer nuestras vidas. ¿Se imaginan por ejemplo que la comida no tuviese sabor? A nuestro hábito de comer le faltarían las increíbles experiencias que hemos acumulado a lo largo del tiempo alrededor de la comida. Igual que en la nariz, los receptores del gusto responden a estímulos químicos. Tenemos alrededor de cinco mil terminaciones gustativas en la lengua y en la boca. Las gallinas sólo tienen veinticuatro, así que, en cuestiones de comida, puede darles lo que quiera, ellas no serán muy exigentes al respecto.

Al contrario de lo que cree la gente, las terminaciones gustativas de nuestro organismo, llamadas técnicamente mamelones, no están exactamente dentro de la lengua, sino dentro de las mejillas, en el paladar y en la garganta. Lo que habitualmente toda la gente relaciona con el gusto son unos receptores llamados papilas gustativas que son también los que le dan a la lengua la textura áspera que tiene.

Los seres humanos tenemos cuatro clases de receptores gustativos, que captan los cuatro sabores básicos: dulce, salado, agrio y amargo. Los receptores que están cerca de la punta de la lengua son especialmente sensibles a la dulzura. Los sabores salados y agrios se notan más en los lados. El amargo se distingue más en la parte posterior de la lengua.

Muchas investigaciones científicas demuestran que el gusto depende mucho del sentido del olfato. El setenta y cinco por ciento de lo que nos parece que hemos experimentado con el gusto, especialmente la percepción de sabores en la comida, hay que atribuirlo al sentido del olfato. En realidad, la experiencia del gusto termina siendo una acción combinada entre estos dos sentidos. Este hecho ya nos invita a pensar en un cierto tipo de ejercicios que puede ser muy divertido: dígale a su hijo, por ejemplo, que se coma un pedazo de manzana, pero hágalo oler al mismo tiempo una fruta de olor intenso como una fresa. Si lo hace pidiéndole que cierre los ojos, seguramente él no sabrá decir con certeza si se está comiendo una manzana o una fresa.

El tacto

El tacto es uno de los sentidos más menospreciados y, sin lugar a dudas, uno de los más importantes. El tacto es el primero de los cinco sentidos en desarrollarse y en los recién nacidos es mucho más agudo que el gusto, el olfato, el oído o la vista. El tacto es un componente clave en el crecimiento, el aprendizaje, la comunicación y las costumbres de las personas. El tacto es importante desde el mismo nacimiento del niño: por ejemplo, el tacto ayuda al recién nacido a encontrar el pezón de la madre cuando esta lo va a amamantar. Los niños pequeños reaccionan instintivamente a muchas formas de estimulación táctil. Por ejemplo, si uno les toca la mano, ellos le agarrarán el dedo con fuerza. Si usted les hace cosquillas en el pie ellos doblarán los dedos.

Los estudios realizados con niños prematuros muestran que el tacto puede acelerar su crecimiento y su desarrollo. Es frecuente que a este tipo de niños se les ponga en incubadoras para que puedan sobrevivir. A veces este hecho implica que los niños queden privados del contacto humano por un período de tiempo. Por medio de escáneres en el cerebro, los científicos han podido descubrir que los niños privados de que se les toque muestran que hay secciones fundamentales de su cerebro que apenas si están activas, con lo cual partes vitales del desarrollo del niño pueden quedar parcialmente detenidas. Los científicos del Instituto de Investigaciones del Tacto de la Universidad de Miami han analizado cómo podrían contrarrestar este peligroso aislamiento. Un célebre estudio realizado por este instituto mostró que los niños prematuros a los que se les dieron masajes de quince minutos tres veces al día durante diez días ganaron un 47 % más de peso que los otros niños prematuros a los cuales se les alimentó igual pero no se les aplicaron masajes. Este hecho demuestra la importancia de estimular el tacto de los niños y hacerlos conscientes de la gran importancia de este sentido. También es importante que ellos entiendan que el tacto está presente no sólo en las manos sino en toda la superficie de nuestro cuerpo.

Jugando con los sentidos: actividades por edades

A continuación encontrará una serie de actividades que le permitirán jugar con su hijo y enseñarle algunas curiosidades sobre los órganos de los sentidos de una forma agradable, sencilla y muy divertida. Los ejercicios han sido organizados comenzando por aquellos para los niños más pequeños y van progresando de acuerdo con la edad. Cada uno de ellos tiene un énfasis sobre uno o varios sentidos diferentes y muchos de ellos sirven para compartir con su hijo la información teórica sobre los sentidos que usted acaba de leer.

¡Esperamos que los disfrute tanto como nosotros!

Caja de objetos misteriosos (3 años en adelante), énfasis: tacto.

Esta actividad es muy divertida para que los niños aprendan a explorar objetos utilizando para ello el sentido del tacto. Organice una caja de objetos misteriosos consiguiendo para ello una caja de cartón o construyendo una de madera. La caja puede tener una dimensión de unos cuarenta centímetros de largo, por cuarenta centímetros de ancho, por cuarenta de alto. Hágale un agujero justo en la mitad de cada una de sus caras, un agujero redondo para que el niño pueda meter la mano y adivinar "a ciegas" qué objetos misteriosos se esconden dentro de la caja. El agujero puede tener un diámetro aproximado de diez centímetros. Introduzca objetos de diferentes texturas dentro de la caja. Posibles objetos pueden ser una manzana, una piña de pino, un fósil, una esponja de cocina o una rama de un árbol, por ejemplo. Invite a su hijo a que explore los diferentes objetos y pídale que adivine qué objetos misteriosos contiene la caja.

Para niños mayores (de seis años en adelante), puede hacer una variación: dígale que describa el objeto de forma detallada (es largo, muy suave y tiene hojas pequeñitas, por ejemplo, si se trata de una ramita de pino) antes de adivinar qué es y sacarlo de la caja.

Cuento con sonidos (5 años en adelante), énfasis: oído.

Para esta actividad deberá elegir, o inventar, un cuento que tenga muchos sonidos distintos. Pueden ser los sonidos del viento, un caballo que galopa, una puerta vieja que se abre o cualquier otro tipo de sonido que sea fácil de imitar y memorizar. Una vez haya elegido el cuento, comience a contárselo a su hijo, pero cada vez que se repita uno de los personajes o cosas que aparezcan en el cuento, pregúntele cómo hace (la puerta, el caballo, el viento, las olas del mar...). Este ejercicio es muy divertido y además trabaja la memoria auditiva de los niños.

Caminata de sonidos (5 a 8 años), énfasis: oído.

Esta es una de las actividades más divertidas y sencillas que conocemos. Salga a caminar con su hijo (los maestros lo pueden hacer con un grupo de alumnos también; esta es una excelente actividad grupal). Deténgase cada cierto tiempo a explorar los sonidos que brinda la naturaleza.

Para eso, utilice esta sencilla técnica: cada vez que se detenga, dígale al niño que levante las dos manos cerrando ambos puños, y que levante un dedo cada vez que escuche un sonido diferente. Esto deberá hacerse en silencio. Si el niño lleva en su cuenta más de diez sonidos, dígale que puede cerrar de nuevo los puños y volver a comenzar. Luego de estar escuchando por algún tiempo (entre uno o dos minutos es un tiempo aconsejable) dígale a su hijo que baje las manos y le cuente cuántos sonidos oyó, luego cuáles sonidos escuchó. Su hijo (o el grupo de alumnos, en el caso de un grupo escolar) se sorprenderán al descubrir cuántos sonidos distintos podemos reconocer cuando ponemos especial atención en ellos.

Esta es una de las actividades preferidas de los niños en las caminatas escolares. Durante muchos años de experiencia en campamentos de verano y salidas de campo, pudimos ver que los niños incluso entraban en una pequeña "competencia" por ver cuál de ellos era quien escuchaba el mayor número de sonidos. Cuando este tipo de sana competencia ha comenzado, y el lugar es adecuado, usted puede empezar a formular pequeños retos como por ejemplo: ¿Cuál de ustedes escuchó más de tres diferentes tipos de pájaros? ¿Mamíferos? ¿Insectos?

Abrazando un árbol (7 a 10 años), énfasis: todos los sentidos menos la vista.

Esta actividad es una de las preferidas tanto de niños como de adultos. Para comenzar diremos que es interesante dirigirla en un pequeño bosque, en un parque de la ciudad o en los jardines de una finca. Es decir, podemos dirigirla en un sitio donde logremos ubicar bastantes árboles a la redonda.

¿Cómo funciona? Tome a su hijo de la mano y dígale que cierre los ojos. Luego, mientras él mantiene sus ojos cerrados, guíelo como si fuera un lazarillo hasta un árbol que esté a una distancia no mayor de quince metros del sitio de donde partió. Para hacer el juego más divertido, usted podrá dar vueltas, retroceder, caminar en círculo o inventar otras formas de confundir al niño en la trayectoria hacia "su" árbol.

Cuando el niño llegue al árbol elegido por usted, dígale que intente reconocerlo utilizando todos los sentidos que se imagine: que sienta las texturas, las salientes y los relieves utilizando los dedos, que verifique dónde tiene sus raíces y sus ramas, incluso que se ayude del olfato para intentar definir si se trata de un pino o un eucalipto, que abrace el árbol para saber qué tan grueso es. ¡Algunos niños llegan incluso a "probar" el árbol con su lengua, y eso les parece sumamente divertido! Luego, guíe al pequeño de vuelta al lugar donde comenzó la actividad. Después, el niño deberá reconocer el árbol hacia el cual usted lo guió, utilizando para ello la memoria de los sentidos diferentes a la vista. Luego haga que su hijo lo guíe hacia otro árbol y descúbralo usted también. ¡Buena suerte!

Somos una cámara fotográfica (7 a 10 años),
énfasis: vista.

Podemos imaginar que somos una cámara fotográfica, jugando de manera divertida e inspiradora con nuestros pequeños. Esta actividad puede desarrollarse en un bosque, un jardín o un sendero natural. De la misma forma que en la actividad anterior, comience en un sitio desde donde usted va a guiar a su niño utilizando el método del lazarillo. Pero no lo tiene que guiar necesariamente hacia un árbol, más bien, hacia un lugar donde usted haya visto algo que le parezca digno de "fotografiar": un cucarrón que se camufla sobre una hoja seca, un conjunto de flores brillantísimas, una rana que se posa en una piedra, pueden ser buenos ejemplos.

Luego, dirija cuidadosamente la cabeza del niño hacia el objeto que va a fotografiar colocando para ello sus manos sobre ambas sienes. Cuando esté a la distancia correcta para sacar la mejor fotografía, oprima suavemente las sienes del niño utilizando para ello sus dedos índices: esto le indicará al niño que puede abrir sus ojos (el "obturador" de la cámara). Más o menos tres segundos más tarde, oprima las sienes del niño de nuevo, indicándole que debe cerrar los ojos de nuevo, y, con los ojos cerrados, guíelo de nuevo hasta el lugar donde comenzó la actividad. Después pasaremos a intercambiar roles, de forma que su hijo sea el lazarillo y usted la cámara fotográfica.

Llegó la hora de conseguir un perfecto revelado de la fotografía: para ello, cada uno de ustedes recibirá una pequeña cartulina y lápices de colores y dibujarán la imagen que quedó grabada en su memoria. ¡Una de las mejores formas de terminar la actividad es regalar la fotografía a la persona que nos guió hacia el sitio donde la tomamos!

Sendero no natural (8 años en adelante), énfasis: vista.

Otra actividad estrella que, además de enseñar a los niños y adultos a aguzar el sentido de la vista, los introduce en un juego fascinante. La actividad requiere los siguientes preparativos: primero, elija un lugar que esté situado dentro de un bosque o jardín que contenga suficientes árboles y plantas que permitan esconder o "camuflar" una serie de objetos pequeños. Los objetos pueden ser de todo tipo, ojalá objetos cotidianos que los niños conozcan. A continuación hacemos una lista de posibles objetos para esconder en el sendero no natural:

Posibles objetos para un sendero no natural:
    Velas de cera
    Cubiertos
    Tijeras pequeñas de punta roma
    Hilos o lana de colores
    Cinta de enmascarar
    Soldaditos de plástico
    Peinilla
    Fósforos
    Gafas viejas
    Carritos de juguete
    Tapas de frascos

Figuritas religiosas
Gancho de ropa
Ganchos para el pelo
Tapas de refresco

Una vez escondidos los objetos, demarque bien el sendero (con una cuerda larga, por ejemplo) por el que va a caminar su hijo para buscar los objetos no naturales. Dígale que lo haga en silencio y que al final le cuente cuántos y cuáles objetos encontró. Puede jugar varias rondas, es muy divertido si lo hace con varios niños a la vez para introducir algo de competencia en la actividad.

¿Qué número escribí? (7 años en adelante), énfasis: tacto.

Este juego sirve para que el niño tome consciencia de su sensibilidad en todo el cuerpo. Consiste simplemente en escribir un número en la espalda del niño y preguntarle qué número es el que usted escribió. Luego, para aumentar la complejidad, puede escribir palabras cortas para ver si su hijo es capaz de adivinar también estas palabras.

¿Distinguimos colores de noche? (8 años en adelante), énfasis: vista.

En una noche oscura puede salir al jardín de su casa y preparar una simple actividad para sus hijos. Para ello, dibuje en una hoja de papel una serie de objetos sencillos cuyos colores sean bien conocidos: un árbol, una manzana, un pájaro, la bandera de su país. Eso sí, es importante que no los dibuje con los colores correctos. Luego, salga con su hijo al jardín y esperen algunos minutos hasta que la visión se acostumbre a la oscuridad de la noche. Luego, saque la hoja de papel y sin encender ninguna luz pídale que intente describir los colores de cada uno de los objetos. Muy seguramente dirá los colores que él está acostumbrado a ver. Luego, vuelva a su casa y muéstrele los colores reales con que dibujó cada uno de los objetos.

La explicación de esta actividad es muy sencilla: a medida que nuestra visión se va acomodando a la oscuridad de la noche, los bastones comienzan a reemplazar en su trabajo a los conos. Y como vimos al principio de este capítulo en las curiosidades sobre cada uno de los sentidos, los conos no son capaces de distinguir colores. Sin embargo, el cerebro codifica la información pensando que los colores de estos objetos son los mismos que estamos acostumbrados a ver.

Visión mágica de la noche (8 años en adelante), énfasis: vista.

Esta actividad puede combinarse con la actividad anterior. Es sin duda alguna una actividad sencilla, pero definitivamente alucinante. Para comenzar deberá tener una vela y un mechero antes de salir a un sitio oscuro, puede ser un jardín o un campo abierto como el de la actividad anterior. Es importante que, como en la actividad anterior, pasen algunos minutos para que los ojos se acostumbren a la oscuridad. Luego, siéntese cómodamente con su hijo y saque el mechero y la vela. Antes de encenderlo, pídale a su hijo que se cubra el ojo derecho con la mano derecha y lo mantenga cubierto todo el tiempo que la vela esté encendida. Luego, encienda la vela y dígale que se quede mirando la llama de la vela durante aproximadamente un minuto. Después, pídale que mire hacia los alrededores —el cielo, los árboles, las estrellas— cubriendo cada vez uno solo de los ojos. El hecho de haber estado acostumbrando los ojos a la oscuridad, primero, y luego de haber observado la vela con uno solo de los ojos, después, hace que las dos pupilas tengan tamaños muy diferentes por algunos segundos y que un ojo tenga más activados los conos y el otro más los bastones. Esto hace que al mirar la noche, uno vea imágenes casi mágicas y absurdas con cada uno de los ojos. No se pierda la oportunidad de disfrutar de este ejercicio con niños y también con adultos. ¡Lo encontrarán alucinante!

La salchicha que vuela (8 años en adelante), énfasis: vista.

Esta es una especie de ilusión óptica muy divertida que les encanta a los niños. Pídale a su hijo que se quede mirando por unos segundos una pared que tenga un color claro. La pared deberá estar a una distancia de más de cinco metros. Luego dígale que estire los brazos hacia delante y cierre los puños. Luego deberá sacar únicamente los dedos índices de cada una de las manos, como si estuviera señalando la pared que está mirando con los índices de ambas manos. Dígale que pegue las puntas de los índices, una contra la otra, de manera que las manos queden señalando hacia "adentro". Y luego dígale que ponga los índices, unidos como están, entre la pared que está mirando y su vista y los vaya acercando lentamente, hasta que queden a una distancia de unos veinte centímetros de los ojos. Luego, pídale que separe ligeramente los índices, únicamente para que no se toquen. Lo que el niño verá es que los índices se convierten en una "salchicha de dedo" que flota en el aire. Es una actividad sumamente divertida para explicarles a los niños la existencia de las ilusiones ópticas.

El bombillo que se enciende (7 años en adelante), énfasis: vista.

Esta es otra ilusión óptica muy sencilla y divertida. Para desarrollarla dibuje sobre un papel la silueta de un bombillo eléctrico con su rosca y sus filamentos internos. Es importante que no sólo dibuje los contornos. Toda el área del bombillo debe ser dibujada con un marcador negro y, en contraste, los filamentos del centro deben quedar blancos. Luego, dígale a su hijo que se quede mirando fijamente el bombillo por espacio de un minuto. A continuación pídale que mire fijamente una pared blanca y verá que la lámpara está encendida.

Manzana verde, manzana roja (7 años en adelante), énfasis: vista.

Dibuje sobre un papel una manzana verde. Rellénela toda de color verde, no sólo los contornos sino también el centro. Luego, pídale a su hijo que se quede mirando la manzana fijamente por espacio de un minuto. Después pídale que vuelva a mirar una pared blanca y... ¡aparece la manzana pero esta vez roja!

CAPÍTULO V

El niño que ve, el niño que pinta
Espacios de expresión artística para niños

Todos los seres humanos compartimos la necesidad de expresar lo que sentimos y la manera como percibimos el mundo externo. Son múltiples y variadas las formas que tenemos para hacerlo: algunas personas se expresan magistralmente a través de la música, otros recurren al mundo del movimiento y la danza, hay quienes prefieren la plástica y otros se inclinan por el mundo de las palabras. Las formas de expresión mencionadas anteriormente son alternativas válidas para comunicarse y expresarse libremente. No hay ninguna que sea mejor que la otra, simplemente manejan alfabetos distintos y formas muy propias de interpretar el mundo.

Lo que sí hace que sus hijos sean mejores seres humanos, es que cuenten con diversas maneras para expresar lo que sienten, que manifiesten algo que no les gusta y en general, que se comuniquen con los demás. Esta variedad de formas de expresión marca una gran diferencia en el proceso de crecimiento de sus hijos y en la educación de su sensibilidad.

Cuando hablamos de desarrollar la expresión artística en los niños, estamos refiriéndonos a un conjunto amplio de actividades de creación, algunas de las cuales sólo hace unas décadas estaban muy vinculadas a la vida cotidiana de las familias. Esto lo pueden confirmar ustedes, hablando con algunos de sus padres y abuelos, preguntándoles por sus juegos, juguetes y las actividades que desarrollaban cuando eran niños. Seguramente, muchos de ellos les contarán que ellos mismos fabricaban sus juguetes. Usaban trozos de madera para hacer un tren, un carrete de madera lo dentaban y le ponían un caucho para hacer un tractor, unas latas de aceite de carro se convertían en unos zancos. Algunos de estos juguetes todavía se encuentran en pueblos pequeños de nuestra geografía latinoamericana, en casas de personas románticas y amantes de los juguetes tradicionales, en colecciones de museos y en lugares apartados del mundo.

En nuestra época, existen espacios de creación muy limitados, son pocos los niños que fabrican sus propios juguetes y los papás que se sientan a arreglar un juguete dañado con sus hijos. Las sociedades actuales tienen poco tiempo para estas cosas, fácilmente la gente entra en la lógica del consumo, donde se llena a los niños de objetos y juguetes sofisticados, sin atender verdaderamente a sus necesidades más vitales de expresión, acompañamiento y comunicación de emociones.

Desarrollar la capacidad de crear en sus niños es, entre muchas otras cosas, permitirles tener espacios para fabricar con unos pedazos de madera, un juguete único y especial, aquel que fue elaborado por ellos mismos en compañía de su padre, madre o abuelos.

La capacidad de expresión y comunicación de los niños, también tiene que ver con que ustedes como padres hagan a sus hijos partícipes de actividades como regar las plantas del jardín, servir la mesa, conseguir los elementos adecuados para hacer un asado, participar en una campaña de arborización o cuidar una mascota. Estas acciones les brindan a los pequeños experiencias que los involucran con su entorno y los vuelven más sensibles frente a lo que hacen.

Nuestros cinco sentidos: canales para alimentar la expresión artística

En el capítulo, "Jugando con los sentidos", afirmamos que los cinco sentidos son las puertas de entrada al conocimiento, son los que guían nuestras exploraciones del mundo y nos proporcionan aprendizajes frecuentes. Toda experiencia artística se percibe primero a través de los sentidos; por esta razón es importante acompañar a sus hijos para que usen conscientemente sus ojos, oídos, tacto, gusto, olfato y su cuerpo entero.

> *Toda experiencia artística se percibe primero a través de los sentidos.*

El entorno que nos rodea ejerce influencia en nosotros. Por ejemplo, las familias que viven cerca de la cordillera, posiblemente serán personas más sensibles a los cambios de color que experimentan las montañas durante el día, también a los diferentes cultivos que hay en su región y sabrán identificar los cantos de algunos pájaros; otras que viven al pie del mar, sabrán de pescadores, canoas y barcos, podrán identificar cuándo el mar está enfurecido y cuando está en calma, seguramente habrán visto hacer una red y conocerán detalles sobre el milenario arte de pescar.

¿Por qué es tan importante la expresión artística en los niños?

La creación artística es una de las formas más naturales de la expresión infantil. Permite a los niños expresarse de forma muy espontánea. Sus dibujos, pinturas, esculturas y figuras en plastilina son simulaciones de sus percepciones, sentimientos y sensaciones. La experiencia artística participa en el crecimiento integral de la persona, ayuda a los niños a aprender a ser y estar en la vida de manera creativa, les permite sorprenderse ante la belleza y los misterios de las cosas que los rodean. También el acceso a las experiencias artísticas desarrolla en los niños una mirada singular, capaz de conocer cualidades distintas, ritmos y significados diferentes a los habituales, que nos servirán para construir un mundo de valores amplio y generoso.

Para los niños es más importante el proceso artístico que el producto de la creación.

Para un niño lo más importante en una experiencia artística es el proceso creador, que consiste en tomar decisiones sobre los colores que está usando, sobre lo que quiere expresar en su dibujo, sus trazos, el juego con los materiales. Todo esto afianza su personalidad y constituye una actividad placentera por excelencia.

Al igual que la mayoría de los grandes artistas, los niños expresan en su arte las relaciones con su entorno, sus descubrimientos. Para la mayoría de los grandes artistas, y en esto se parecen mucho a los niños, la atención está centrada en el proceso mismo de crear, pintar y pasar un buen rato entre pinceles y pinturas o modelando unos trozos de arcilla a su antojo. Por eso, es muy normal que usted vea que sus hijos después de terminar su pintura, cambien rápidamente de actividad y se olviden de su "trabajo plástico". Ellos le dan valor al goce que experimentaron durante la elaboración de su dibujo, su construcción o su pequeña escultura.

Algunos acercamientos al mundo del dibujo y la expresión plástica en los niños y niñas.

Algo muy interesante que sucede en las primeras etapas infantiles con el dibujo de los niños es descubrir que los niños dibujan de memoria. Un investigador muy famoso llamado Kersensteiner le pidió a una niña dibujar a la mamá. La niña procedió a hacerlo, y aunque tenía a su mamá frente a ella, durante todo el tiempo estuvo concentrada en su hoja de papel.

El niño dibuja lo que él sabe de una cosa, lo que le parece esencial y en general, no lo que ve sino lo que se imagina o recuerda. Para dibujar, los niños se apoyan en su memoria visual, aquella que se desarrolla con la observación y la memoria afectiva. Esta última juega un papel determinante en todos los procesos de creación plástica, puesto que sus

> *El niño dibuja lo que él sabe de una cosa, lo que le parece esencial y en general, no lo que ve sino lo que se imagina o recuerda.*

primeras relaciones son de tipo afectivo con todo lo que los rodea.

El niño dibuja lo que sabe y no lo que ve: es un simbolista. El niño puede, con muy pocos trazos, representar la esencia de un objeto o una persona. Este hecho lo hemos podido observar frecuentemente en el taller de expresión artística que desarrollamos en el proyecto La Caracola. En un ejercicio con niños de 3 a 6 años los niños dibujaron sus animales preferidos. Era fascinante ver cómo el conejo era sólo un par de orejas y dos grandes dientes; el gato sobresalía por su elegancia y sus bigotes; el tiburón tenía muchos dientes y una cola grande. Sin importar que otras partes del animal no estuvieran detalladas, lo esencial estaba allí.

Algo muy sorprendente en las creaciones infantiles es el hecho de que las proporciones indican el valor afectivo que las cosas tienen para los niños y no son una representación de la apariencia visual del objeto o la persona. En este sentido es importante tener en cuenta que si ustedes como padres o acompañantes corrigen las proporciones de un dibujo, estarán interviniendo en la emoción afectiva que el niño proyecta en aquellas cosas que exagera.

Por ejemplo, si un niño hace un dibujo donde aparece él mismo entregándole a su mamá un regalo y dibuja sus manos exageradamente grandes, posiblemente lo que está queriendo expresar es la alegría que le produce regalarle algo a su mamá. Más adelante es posible que los mismos niños tengan la necesidad de explorar las relaciones de tamaño y proporción de los objetos, animales o personas que dibujan. Entonces ustedes podrán ser los encargados de proporcionarles experiencias que los hagan sensibles a estas diferencias y les permitan observar y descubrir por sí mismos este tipo de relaciones.

En los espacios de expresión artística de los niños, sólo aparecerán como importantes las cosas con las que ha establecido relaciones más o menos sensibles. Cuando usted provoca una experiencia gratificante con sus hijos alrededor de algún juego o circunstancia determinada, está enriqueciéndolos con nuevas experiencias vitales, para que estas queden registradas en su memoria y se conviertan en insumos para los procesos de creación artística. Por ejemplo, después de un viaje a conocer una granja que tenga muchos animales, su hijo estará muy sensibilizado y motivado con todas las experiencias que tuvo allí y si lo invitamos a dibujar la granja, aparecerán muchos detalles en su dibujo. Todo acto creador –un escrito, una rima, una pintura– parte de una experiencia significativa. Recomendamos a los padres tratar de identificar y promover en sus hijos experiencias significativas que les permitan trabajar diferentes expresiones artísticas.

Algunas ideas en torno a las experiencias significativas.

Para desarrollar experiencias significativas que estimulen la capacidad creadora de los niños es recomendable elegir un tema. Por ejemplo, podemos generar experiencias significativas utilizando para ello un tema que apasiona a los niños: los dinosaurios. Podríamos comenzar preguntándoles cuántos nombres de dinosaurios recuerdan, en qué películas los han visto, cómo eran de grandes, cuáles eran los más feroces. Luego podríamos contarles cuánto medían, qué tan larga era su cola, de qué se alimentaban. Podemos incluso utilizar las proporciones de su cuerpo para que ellos puedan dimensionar cómo eran de grandes los dinosaurios. Podemos incluso contarles que el cuerpo de un dinosaurio equivalía quince veces al largo de su cuerpo. Y qué tal si pintamos una huella gigante en una cartulina, para hacer que los niños impriman las plantas de sus pies, previamente coloreadas con vinilo, para que ellos dimensionen lo gigantescos que pueden haber sido estos animales. Todos estos ejercicios terminan haciendo que el niño tenga una experiencia significativa en torno al tema de los dinosaurios y que pueda tener luego una actividad creativa plena de estímulos y descubrimientos. Esta experiencia significativa es muy especial y tiene gran acogida en el público infantil. Nosotros la hemos desarrollado en algunos campamentos de verano, acompañada de un taller para hacer fósiles con arcilla y de la lectura del libro "Los dinosaurios" del autor colombiano Ivar da Coll.

Las experiencias significativas pueden ser planeadas

casi sobre cualquier tema. En muchos colegios incluyen hoy en día este tipo de experiencias en sus proyectos de aula. Podemos diseñar experiencias significativas en torno a temas como por ejemplo: el viaje del hombre a la luna, los animales domésticos, los animales de la selva, el mar, la cocina y los alimentos, entre otros.

En el día a día existen acontecimientos que se pueden convertir en experiencias significativas para los niños. Por ejemplo, si estamos en nuestra casa y de repente, encontramos un pajarito que entró por la ventana, la sorpresa que este hecho produce, la observación cuidadosa del animalito y nuestro plan para hacerlo regresar a su lugar sin hacerle daño, se vuelve todo un acontecimiento extraordinario para toda la familia. Esta situación se puede aprovechar para desarrollar una conversación sobre aves, sus alimentos, los lugares donde prefieren vivir, los colores de sus plumas, las aves migratorias, etcétera. Luego podemos leer libros sobre aves y dibujar aves con colores muy alegres.

Vías de la expresión plástica

Los garabatos

Una de las primeras manifestaciones del niño en el campo de la plástica son sus garabatos en el papel. Los garabatos son inicialmente un gran descubrimiento para los niños, puesto que a través de éstos, ellos proyectan movimientos propios en el papel. Posteriormente, los niños van aprendiendo a controlar su movimiento y a dirigirlo de forma intencionada.

En un primer momento los garabatos no son intentos de representar algo concreto. Al principio el niño está simplemente fascinado con la idea de garabatear para disfrutar de sus movimientos. El hecho de garabatear se convierte para los niños más pequeños en uno de los mecanismos más auténticos de expresión, muy similar a lo que puede ocurrir con el llanto, por ejemplo. Los garabatos son una parte importante de la evolución infantil y pueden ser adecuadamente estimulados por los padres. En una parte más avanzada de este capítulo, cuando mencionemos una síntesis de las etapas del dibujo infantil descritas por Víctor Lowenfeld, hablaremos más en detalle de los garabatos y sus diferentes manifestaciones.

> *Los garabatos son una parte importante de la evolución infantil y pueden ser adecuadamente estimulados por los padres.*

Aplicar la pintura con los dedos

Aplicar la pintura con los dedos y las manos favorece la experimentación de la huella, los juegos con las líneas horizontales, verticales, onduladas, en zigzag, las líneas que son contorno y las que representan una forma.

La arcilla y la plastilina

La arcilla y la plastilina son vías de expresión que dan respuestas rápidas a los niños y que por su maleabilidad pueden ser muy divertidas. La arcilla es excelente, pues por su flexibilidad permite a los niños hacer muchos cambios sin mayor dificultad.

El dibujo

El dibujo supone una abstracción, es mucho más complejo que la arcilla o la plastilina pero sigue siendo uno de los medios de expresión más comunes, familiares y preferidos por los niños en la edad preescolar, especialmente. El dibujo es una de las actividades predilectas de los niños y niñas, es una fuente de placer y una de las formas más auténticas de poder interpretar muchas emociones y actitudes infantiles.

Las pinturas con vinilo o témpera

Las pinturas con vinilo o témpera dan una respuesta más directa y rápida. La mayoría de las veces les produce a los niños un goce superior al que pueden experimentar con una caja de lápices de colores. Darle al niño unas coquitas de plástico con pintura de diferentes colores para que él los mezcle y experimente diferentes combinaciones o involucrarlo en la preparación de los colores puede ser un ejercicio muy divertido para ellos.

El collage

El papel de colores para utilizarlo al estilo *collage* puede ser una actividad muy divertida para los niños. Ejercicios como los que hacía el pintor Henri Matisse, quien tomaba el papel y dibujaba formas con unas tijeras, pueden convertirse en una experiencia significativa y en una forma de que los niños se acerquen a la vida de este famoso pintor. Los ejercicios tipo *collage* se convierten en una vía de expresión muy especial, pues la idea de componer algo está ligada al reto de habitar un espacio en blanco, así las cosas van apareciendo casi accidentalmente en el papel, casi como por "arte de magia".

Nociones del arte que ayudan a la sensibilización de los niños

La expresión plástica se alimenta de unas nociones que son importantes para el proceso de creación infantil:

La noción del espacio

Existen espacios vacíos y espacios llenos. Cuando los niños construyen una casa o una cueva usando sillas, sábanas y unos cuantos cojines, están delimitando un lugar para apropiárselo y además están desarrollando su creatividad espacial de una forma directa y tangible. Señores padres: ¡tengan cuidado con destruir demasiado pronto esos pequeños refugios, desbaratarlos equivaldría a romper un dibujo que sus hijos acaban de hacer!

Los niños sienten los espacios y, al igual que nosotros los adultos, tienen preferencias por algún rincón en especial de la casa, jardín o habitación. Es normal que prefieran los pasillos pues allí pueden jugar con el balón, correr, montar en patines y sentirse libres. Los espacios no sólo los aprecian por lo que les ofrecen físicamente. Ellos también valoran las sensaciones que éstos les transmiten: hay rincones de la casa donde uno se siente más acogido y seguro, más íntimo, más creativo. Es recomendable aprender a observar cómo sus hijos van eligiendo y habitando estos lugares de manera propia y original. Esta sensibilidad hacia los lugares es algo que está presente en todos los niños y en ocasiones el hecho de no haber tenido la oportunidad de cultivarla puede implicar que cuando adultos estos niños limiten su relación con los espacios a algo puramente funcional. Por lo general, seleccionamos un apartamento porque tiene el número de habitaciones que necesitamos y sirve para un fin determinado, pero sería recomendable no dejar de lado aspectos relacionados con la luz, la amplitud de los espacios, los colores, los sentimientos que generan y las sensaciones de comodidad e incomodidad que nos pueden transmitir.

Existen también los espacios llenos, que se nos presentan como volúmenes y que generalmente nos relacionamos con ellos extrayendo partes para crear nuevas formas. Para ejemplificar este tema, quisiéramos mencionar un pequeño cuento de Eduardo Galeano, sobre un escultor que tiene en la parte de afuera de su taller una roca gigante. Días después, unos niños vuelven a su taller y encuentran, en vez de la roca, un caballo de piedra gigante y le preguntan: ¿Señor escultor, usted cómo hizo para saber que dentro de la piedra había un caballo?

La noción del color

El color y la luz ejercen una influencia importante en las personas, no sólo de forma sensorial sino también en los estados de ánimo. No sentimos lo mismo cuando, al despertarnos, el día está muy soleado que si, por el contrario, al ver por nuestra ventana, el día está poco luminoso y además lluvioso.

El color es todo un mundo expresivo, un color transmite una sensación; un color puede producirnos frío o calor.

El color es todo un mundo expresivo, un color transmite una sensación; un color puede producirnos frío o calor, también nos ayuda a recrear una textura, un lugar o una forma.

El color está presente en todas las cosas que nos rodean. Los niños y las niñas son sensibles a él y lo perciben fácilmente. Para sus ojos, el color es un estallido de vida, los hay de muchas gamas y tonalidades, hay colores que tienen más luminosidad que otros, hay colores primarios, secundarios y terciarios.

Señores padres: recomendamos que ustedes vayan observando las reacciones que pueden tener sus hijos a los diferentes colores. Al irlas experimentando poco a poco con sus hijos, se puede ir modificando la idea que tradicionalmente se transmite a los niños de que los colores son para rellenar dibujos e ir desarrollando destrezas para no salirse de los contornos.

Permitir que los niños y niñas jueguen con los colores, que los puedan mezclar, descubrir cómo se hace el verde, el naranja, el morado o el café, cómo se puede aclarar un color y oscurecer otro es una experiencia fundamental para que ellos desarrollen lazos afectivos con sus emociones y su sensibilidad. ¿Qué juegos o actividades podemos proponer en este sentido? Podrían por ejemplo trabajar un día con colores claros, otro día podría ser la tarde de los colores cálidos (amarillo, naranja, rojo, café) y así sucesivamente. Otra variación para explorar el mundo de los colores puede ser aprovechar el momento de seleccionar la ropa que van a usar; entonces la madre o el padre pueden preguntar: "hoy que es un día muy soleado y estamos muy felices, ¿que color de pantalones y camiseta te quieres poner?" El descubrimiento y el conocimiento de los colores por medio de las mezclas con témperas o vinilos, también es una experiencia perceptiva y sensorial para los niños. Así mismo, representa un aprendizaje que introduce a los niños y niñas en el conocimiento de los elementos y las nociones claves de las artes plásticas.

Conforme su hijo va adquiriendo variadas experiencias con los colores, es posible que ustedes como padres puedan invitar a los niños y niñas a observar cómo cambian de color los elementos de la naturaleza con las variaciones de la luz. Por ejemplo, observar una montaña en diferentes horas del día puede ser una experiencia muy significativa para mostrar la influencia de la luz. También en la casa, observar los objetos que tenemos allí y ver su color durante el día y ver que en la noche se ven diferentes con la luz artificial. Incluso, podrían utilizar algunas de las actividades del capítulo "Jugando con los sentidos", como una experiencia significativa para concientizar a los niños sobre los cambios que ocurren con la luz a lo largo del día.

La noción del movimiento

El movimiento es algo que está presente en la conciencia del niño desde sus primeros meses de vida. Cuando un niño toma un objeto, es usual que indague sobre todas las posibilidades de movimiento que tiene. Cuando el objeto de por sí no tiene posibilidades de movimiento, el niño se las inventa: entonces la cajita de madera se vuelve carro, gira y se traslada de un lugar a otro. Por lo general el niño va buscando distintos ritmos y esta dimensión de movimiento es una que le gusta, pues él mismo la puede controlar.

El sentir del movimiento se hace presente en las creaciones de los niños y las niñas, por eso es fácil que su hijo le diga: "mamá, este es un gato saltando, un perro corriendo, un carro que va muy rápido o una niña bailando". *La acción y su representación plástica es una parte muy importante en los trabajos creativos de los niños.*

Es normal oír a un niño decir: "¡Mira, dibujé un balón que está quieto y otro que se mueve!" Los niños y las niñas sienten la dinámica de las cosas en equilibrio, conocen cuando un ritmo es repetitivo o no, y por lo general interpretan fácilmente muchas otras propiedades del movimiento. Es necesario cultivar esa sensibilidad que los niños tienen por lo general hacia las diferentes posibilidades del movimiento. En muchos de los talleres que hemos realizado con niños en proyectos de pedagogía artística y campamentos de verano nos hemos sorprendido muchísimo con la capacidad que tiene un niño de trasladar la sensación de movimiento a sus dibujos, a sus creaciones en arcilla, y a otras obras artísticas. Los niños hacen personajes que además de ser muy expresivos transmiten de formas magistrales la sensación del movimiento.

Etapas que va transitando el niño en su proceso de desarrollo de la expresión plástica.

El desarrollo en el arte es continuo. Las etapas son como lugares de tránsito comunes a todos los niños durante el proceso de desarrollo. Cada niño en particular pasa de una etapa a otra en diferentes épocas, estos son procesos muy personales y únicos que deben ser comprendidos por los padres de los niños. Los tiempos dependen de un sin número de variables que comprenden: las características del entorno donde el niño se desenvuelve, los estímulos que recibe, la confianza que le otorgan sus familiares, los intereses personales y sus ritmos de aprendizaje.

A continuación, presentaremos un resumen de las etapas planteadas por Lowenfeld, en su libro *Desarrollo de la capacidad creadora*, que nos permiten comprender y conocer características muy especiales que se manifiestan en los dibujos infantiles:

Etapa del garabato (dos a cuatro años aproximadamente): primero los garabatos son desordenados y hechos al azar, después se van organizando y controlando con el tiempo para luego pasar al garabato con nombre. A veces en esta etapa, los padres tratan de enseñar a sus hijos a dibujar algo, un árbol, un balón, con la mejor de las intenciones, pero esta idea está desconociendo el placer que produce en sí mismo el garabateo para el niño y creando una necesidad desde la lógica adulta que es acceder a lo figurativo, necesidad que aparecerá de forma natural en el proceso de desarrollo artístico del niño.

Primero los garabatos son desordenados y hechos al azar, después se van organizando y controlando con el tiempo para luego pasar al garabato con nombre.

Para el niño, tener un adulto que se interese por sus garabatos hará que se sienta muy satisfecho. El hecho de pedir que dibuje algo es equivalente a pretender que un bebé que apenas gatea ya comience a caminar a los pocos días.

Ahora haremos una breve descripción de los diferentes momentos de la etapa del garabateo:

Garabateo descontrolado

Los garabatos en esta etapa son trazos realizados al azar, sin ningún sentido en particular y pueden presentar alguna repetición cuando el niño mueve su brazo hacia adelante y hacia atrás.

Garabateo controlado

Los niños descubren que los trazos que aparecen en el papel tienen una relación con sus movimientos. En este momento el niño tiene control visual sobre sus garabatos. Aunque no hay mucha diferencia entre los dibujos de los garabatos desordenados y los ordenados, lograr el control de los movimientos es una conquista infantil muy importante, ya que indica la coordinación del desarrollo visual con el motor.

Los trazos comenzarán a aumentar de longitud e incluso en ocasiones usará diferentes colores en su dibujo. Continúa explorando diversas formas de sostener el lápiz, la pluma o el lapicero.

El control que el niño adquiere en sus garabatos se proyecta a otras actividades de su vida. Así, las mamás comprobarán que ese control de su motricidad le ayuda a mejorar en habilidades relacionadas con abrocharse los botones de la camisa, comer sin mancharse y en general, a ser más coordinado.

Garabato con nombre

Esta es una etapa de gran importancia, el niño da nombre a sus garabatos. Aunque para nosotros sea difícil reconocer una persona o un objeto en particular en sus garabatos, este hecho significa un cambio en el niño, pues su pensamiento cambia y pasa de un pensamiento cinético a uno imaginativo. Este momento ocurre aproximadamente a la edad de tres años y medio.

Los dibujos en sí aún no han cambiado mucho desde los primeros garabatos, pero aparece algo nuevo, es que el niño dibuja con una intención. Los garabatos son más elaborados y el niño descubre con alegría ciertas relaciones entre lo que dibuja y lo que hay en el ambiente.

Lowenfeld, afirma que con la arcilla se da un proceso

muy similar al de los garabatos. Inicialmente el niño golpea y amasa la arcilla sin ningún propósito en especial, en un acto parecido al "garabateo descontrolado". Luego comienza a elaborar lombricitas y muchas bolitas de arcilla, momento que equivale al "garabateo controlado" y finalmente, amasará un pedazo de arcilla y lo acompañará con un ruido y dirá que es un carro, igual que la etapa del "garabateo con nombre".

Etapa pre-esquemática

(Cuatro a siete años aproximadamente, donde el niño hace sus primeros intentos de representación.)

Aquí aparecen las cabezas con pies, renacuajos, que es su forma de dibujar a las personas, y otra serie de dibujos de objetos con los cuales tiene contacto. Las figuras aparecen sin orden alguno y varían de tamaño. Las proporciones de los objetos están determinadas por el nivel de importancia que la persona o cosa tiene para el niño.

Estos intentos de representación ofrecen una oportunidad clave para que los adultos puedan conversar sobre los dibujos de sus hijos; esta conversación puede iniciarse con una pregunta abierta: "Cuéntame sobre tu dibujo". Y los niños estarán muy entusiasmados de mostrar lo que están haciendo.

Etapa esquemática

(Siete a diez años aproximadamente.)

Aquí los dibujos simbolizan partes de su ambiente en forma descriptiva. Aparece una característica interesante de los dibujos infantiles: el niño dispone los objetos o personas que dibuja en una línea recta que sigue el ancho del papel. Así construye una especie de dibujo de enumeración: a la casa le sigue una cerca, luego un árbol, una flor y termina con un carro.

Acá hay una mezcla de representación formal y esquemática; por un lado son dibujos-esquemas y la esencia de lo que representan es parecido a la realidad. En el niño se va despertando la necesidad de trascender la enumeración de las características concretas del objeto y captar las interrelaciones formales de sus partes.

En esta fase el niño capta en su dibujo muchos detalles, hay una distribución más real de diferentes partes del objeto, no hay omisiones de partes importantes como el tronco de las personas y el dibujo se acerca mucho a la forma real del objeto.

Recomendaciones generales que los padres deben tener en cuenta para desarrollar la expresión plástica en sus hijos

- Observe el entorno en compañía de sus hijos con ojos *muy curiosos*. Ojos que ven más allá, que contemplan los paisajes, los objetos, las personas y perciben detalles especiales en las cosas simples y pequeñas, en una piedrita, una concha, un musgo, un botón.
- La sorpresa, la novedad y la posibilidad de generar un ambiente de misterio alrededor de una actividad de expresión artística, resultan ser elementos indispensables

para cualquier padre de familia o educador que esté interesado en estimular la creación infantil.

- Aprecie los materiales más sencillos, puesto que un niño con unos simples palitos de helado, por ejemplo, puede construir un camino, un castillo y poner a volar su imaginación.
- Es importante que tenga en cuenta que, en la expresión plástica, para los niños no hay cosas buenas, ni malas. Lo indispensable es permitir la expresión.
- Tenga presente que las motivaciones, las percepciones y las necesidades de sus hijos van cambiando con la edad. Este hecho se reflejará en los temas y los estilos de los trabajos plásticos de los niños.
- Recuerde que las actividades de creación no deben ser obligatorias y deben surgir como resultado del interés de los niños.
- Procure no intervenir en el dibujo de su hijo; si él pide ayuda, guíelo con preguntas que le permitan construir imágenes claras de una situación particular. Por ejemplo, si su familia estuvo de paseo en el parque pregúntele, "¿Había árboles en el parque?, ¿De qué color eran las flores que tenían esos árboles?, ¿A qué estuviste jugando con tus amiguitos en el parque? ¿Qué tal la pasaste montando en columpio?" De esta forma, el niño adquiere conciencia de muchas cosas, que serán un aporte importante para el momento de la realización de su dibujo.
- Promueva la diferencia y plantee cosas como: "¡Que

rico! Vamos a ver qué tan diferentes son los dibujos de los monstruos que cada uno de nosotros va a dibujar". Los niños van a valorar mucho este tipo de actitudes y se van a sentir libres para crear a patir de su propio estilo.

- Es importante fomentar muchos espacios de creación donde el niño o los niños sean los protagonistas y se motiven por un adulto para expresarse a través del dibujo, la pintura, el *collage* o el trabajo con arcilla.
- Recuerde que los trabajos de los niños no se deben observar con los parámetros de los adultos: limpieza del dibujo, líneas que respeten los contornos, la organización de los elementos de la pintura en el papel, entre otros aspectos.
- Siempre tenga en cuenta que los trabajos de los niños expresan su personalidad y están influenciados por variables relacionadas con el nivel de desarrollo y las experiencias vividas por cada uno. Permítale expresarse libremente y no juzgue desde su mirada el trabajo, ¡simplemente valórelo como una manifestación auténtica de su hijo!
- Es muy conveniente recordar que en el trabajo de creación plástica, los niños y las niñas le dan valor al goce que les produce el proceso creativo, los productos finales son una simple consecuencia.
- Señores padres y maestros, es indispensable comprender que todo acto creativo debe partir de una situación significativa para el niño o la niña.

- Las primeras etapas de las experiencias plásticas, deben estar dirigidas simplemente al goce y reconocimiento del color, las texturas y las formas.
- Recuerde que para los niños pequeños, hacer garabatos es una actividad muy placentera y significativa. Proporcionarle los materiales para que garabatee, raye y juegue con sus movimientos en el papel, logrando cada vez mayor control de los mismos, será la actitud ideal. Este hecho tan simple para los adultos es una actividad muy placentera para los niños y muy importante dentro de su desarrollo motriz.
- Tenga en cuenta que la emoción y la alegría de crear es viva e inmediata. Valore y celebre los procesos de creación y lo que sus hijos han producido, compartiéndolo con amigos y familiares, para lograr darle un lugar relevante en el espacio de su hogar o su escuela.
- Ubique un espacio adecuado para las labores de expresión artística de sus hijos en la casa.
- Proporcione los materiales adecuados para el trabajo y para la edad de los niños. Materiales como: papel, lápices gruesos de colores, marcadores, pasteles, crayolas, pintura para dedos, témperas o vinilos, clara de huevo mezclada con anilinas naturales y pinceles de mango largo, preferiblemente.

La acuarela es un medio que no se presta para las primeras etapas, pues el color se escurre y se mezcla con facilidad. El niño no es capaz de seguir sus movimientos y se desanima con este material.

El lápiz común y corriente de punta delgada, tampoco es muy recomendado, pues no se desliza fácilmente sobre el papel y la punta se quiebra muy frecuentemente.

- Si en algún momento, usted percibe que el niño está inhibido o con cierta resistencia, cambie el material de trabajo, las témperas o los lápices de colores por un buen pedazo de arcilla; seguramente el niño se mostrará interesado en explorar posibilidades nuevas y se sentirá más motivado a expresarse.
- Es muy útil en ocasiones combinar lenguajes artísticos; por ejemplo, apoyarse en una buena historia de literatura infantil para movilizar situaciones significativas que sean interesantes para el niño y que le planteen retos en su trabajo plástico.

Actividades para desarrollar la expresión plástica

Antes de escribir las propuestas prácticas de este capítulo, queremos contarles que ustedes encontrarán referencias a pintores famosos como Miró, Matisse, Dalí y Picasso, en los ejercicios. Consideramos que es muy inspirador y enriquecedor enmarcar algunas actividades de expresión plástica en un contexto cultural más amplio, que permita ir educando la sensibilidad artística de los niños y padres, al mismo tiempo que se potencian los espacios de expresión infantil. No es lo mismo decir vamos a pintar con los dedos que invitar a los niños una tarde a pintar como Joan Miró, usando los dedos, las huellas de pies y manos, luego de haber visto unas imágenes de los cuadros de este pintor y sentirnos por un momento, siguiendo los pasos de los grandes creadores de la historia del arte.

De tres años en adelante
- Mural de garabatos

Le recomendamos usar pliegos grandes de papel periódico para cubrir toda una pared en un mural; luego cuéntele a su hijo que sólo se puede pintar allí cuando esté cubierta la pared de papel. Utilice marcadores, invité a su niño a hacer garabatos grandes para aprovechar esa nueva superficie. Recuerde que los garabatos son una forma de expresión y son una parte importante de la evolución infantil que debe ser acompañada por los padres.

- Experimentando con infinidad de materiales:

Para aplicar el color podemos usar infinidad de objetos: esponjas, cepillos de dientes, pajillas, rodillos, elementos de la naturaleza: hojas, plumas de gallina, entre otros. También en las recomendaciones generales indicábamos que la clara del huevo se puede mezclar con anilinas de cocina que vienen en varios colores y son ideales para pintar con ellas sobre diferentes superficies como papel periódico, cartulina e incluso hasta papel fotográfico. Si no tienen la posibilidad de comprar este último papel, pueden reciclar fotografías que ya no quieran para pintar al respaldo y descubrir lo divertido que es pintar sobre este tipo de superficie.

Para jugar con las pajillas o pitillos, es necesario regar un poco de pintura, ojalá tinta china, ecoline o vinilo no muy espeso, y soplar por la pajilla o pitillo para esparcir la pintura de forma aleatoria y crear un cuadro con explosiones de color.

- La prueba de la burbuja

Una de las actividades más exitosas con niños pequeños es la prueba de la burbuja que se realiza con la arcilla. Los padres o maestros deben entregar a los niños un trozo de arcilla para que ellos vayan amasando con sus manos, una vez hayan amasado bastante, ustedes les piden que hagan una bola grande de arcilla y con un pedazo de nylon van a cortarla por la mitad, van a observar con los niños y niñas, si tiene burbujas de aire. Si las tiene reviéntenlas, ¡es muy divertido! y dejen que ellos continúen amasando para desaparecer las burbujas y convertirse en excelentes alfareros.

El hecho de hacer la prueba de la burbuja les produce una felicidad enorme a los niños, pues están a la espera de la sorpresa, ¿saldrán burbujas o no? Parece demasiado simple para nosotros como adultos, pero cuando lo haga verá la dicha de sus hijos y pronto usted se convertirá en un experto haciendo la prueba, pues con seguridad se la pedirán con frecuencia.

- Bolitas y culebritas de arcilla

Una vez tienen la arcilla bien amasada hagan culebritas, tortitas y bolitas juntos. Usando palitos con punta pueden hacer rayas para dar textura a la arcilla.

- Pintando como Joan Miró:

Busque un libro del pintor español Joan Miró en su casa o en una biblioteca pública y observe primero las fotografías de los cuadros, intente ubicar cuadros que tengan brochazos grandes de pintura o unas cerámicas en las que Miró estampaba las huellas de sus manos. Si no logra encontrar este material cuéntele a sus niños y niñas, que Miró fue un pintor español muy importante que a veces pintaba con los dedos, con las huellas de pies y manos y se divertía mucho.

Pinten sobre pliegos de cartulina, usando pintura para dedos y exploren diferentes formas en el papel. Luego cúbranse las manos y las plantas de los pies con pintura para estampar las huellas sobre la cartulina. Será muy divertido y a la vez es un ejercicio que permite realizar un pequeño masaje cariñoso mientras se pintan pies y manos.

De cuatro años en adelante

- Teatro de sombras:

Diseñe una pantalla de sombras que puede ser de dos formas. Una manera sencilla consiste en usar una lámpara que proyecte buena luz sobre una pared; y la otra forma, sería improvisar con una sábana blanca o de color claro, una pantalla para jugar a proyectar sombras del cuerpo y luego, presentar obras con títeres o sombras chinescas.

Una vez usted tenga su montaje realizado, comience a mostrarles a sus niños posibilidades de proyectar formas con las manos sobre la pared o la sábana; hagan figuras de animales con las manos y exploren otros movimientos de manos y brazos. Continúe jugando a proyectar su cuerpo en movimiento, experimente con distintas posiciones (de perfil, de espaldas, parados en una pata, con los brazos abiertos) y seguro que se divertirán mucho, integrando las posibilidades de expresión corporal con el juego de sombras.

• Sombras chinescas

Dibujen sobre cartulina negra gruesa animales, usando lápiz blanco. Después, corte las siluetas y péguelas en uno de los extremos de un palo de madera con cinta pegante. De esta forma, conseguirán tener un títere para jugar a las sombras chinescas en la noche. Usando una lámpara de la casa que proyecte luz sobre una pared, acerquen y alejen el títere de la fuente de luz, observando qué sucede con la sombra proyectada.

• Fósiles en arcilla

Hagan tortitas gruesas en arcilla y presionen conchas, piedras, llaves o fósiles de verdad, en el barro para dejar grabada su forma. Así logrará tener un positivo (la concha o el objeto seleccionado) y un negativo de su fósil (la impresión que queda en el barro). Esta actividad de expresión plástica podrá ser complementada con una lectura de un libro informativo sobre los fósiles que describa claramente cómo se forman.

De siete años en adelante:

- Pintando sobre el papel de colores como Henri Matisse

Henri Matisse, uno de los pintores más importantes del siglo XX, acostumbraba a dibujar formas usando papeles de color y un par de tijeras. Luego cuando tenía muchas figuras de diversos colores y de papeles diferentes comenzaba sobre un papel blanco a componer un cuadro llamado *collage*. El *collage* es una técnica plástica que consiste en pegar sobre un soporte (bastidor, cartón, lienzo, etcétera) diversos elementos estructurados libremente con elección propia de formas, colores y calidades.

Esta es una manera especial de jugar con el color y las composiciones; les recomendamos usar papeles de regalo de diferentes diseños, papel silueta, papel seda, cartulina de colores, tela, entre otros. Pueden escoger temas y hacer un *collage* de puras plantas y aves para inventar una selva colorida como la del Amazonas o un *collage* de animales con diferentes pintas, a los que le pueden poner ojos blancos y negros (material de juguetería) y ese detalle creará un efecto muy especial en el trabajo plástico. Otros temas pueden ser el mar, el bosque, las ciudades, personajes fantásticos, entre otros. También se puede utilizar una variedad de materiales muy amplia: piedritas, granos de maíz, hojas, palos de helado, cartón corrugado, tela, botones, etcétera, para hacer un paisaje o una composición abstracta con infinidad de texturas.

- Autorretratos y retratos:

Usando un espejo de forma rectangular donde la persona pueda ver su rostro completo, inviten a sus niños y niñas a mirarse allí y luego, pongan témpera o vinilo de color en uno de sus dedos, así la podrán repintar sobre el espejo el ovalo de su cara, sus cejas, la forma de sus ojos, su nariz y su boca. Inmediatamente, voltee el espejo sobre una hoja de papel blanco y presiónelo para estampar la imagen; levántelo y deje secar complemente. Después podrá agregar algunas manchas de colores que contrasten con las líneas del retrato y crear un ambiente de fondo. Posteriormente, usted podrá elaborar en cartón paja, un marco que el niño decorará con sus colores favoritos y servirá para enmarcar su autorretrato.

- Colecciones de objetos:

Coleccionar cosas es algo que les encanta a los niños y a los adultos también. Es un pasatiempo que concentra nuestra atención en un pequeño fragmento del universo, logrando alcanzar conocimientos muy específicos sobre el objeto o tema de nuestra colección. Hacer proyectos para coleccionar diferentes tipos de cosas, puede ser una manera de conocer los gustos de sus hijos o por el contrario incentivar su interés en cosas particulares (conchas, piedras, corchos, botones de colores, hojas de plantas disecadas; incluso se pueden coleccionar palabras, frases, canciones, etcétera).

De nueve años en adelante

- Juego de los surrealistas:

Los surrealistas solían jugar a hacer entre varias personas el dibujo de un personaje. Lo especial de su ejercicio era que doblaban una hoja de papel en tres partes iguales. En la parte superior de la hoja alguien dibujaba la cabeza y el cuello del personaje, dejando dos pequeñas marcas de referencia para que el otro pintor partiera de allí y dibujara el torso, teniendo cuidado de no ver lo que su compañero había dibujado antes. Luego la última persona, hacía las piernas. Al final abrían la hoja de papel y tenían un personaje muy particular y único elaborado a tres manos. Este ejercicio lo llamaban el cadáver exquisito. Practíquelo con sus niños y niñas, verá que es muy divertido, y haga variaciones con animales que se puedan dibujar en formato vertical. También puede usar tres octavos de cartulina, en los cuales una persona dibuja la cabeza de la ballena, el otro el cuerpo y el último la cola, trabajando sobre un referente horizontal.

- Jugando con las texturas y los colores:

Inicie pintando con acuarelas sobre cartón o un papel absorbente; al comienzo mojaremos con mucha agua el pincel, poniendo poca acuarela en éste y luego menos agua y más color, los colores irán ganando en intensidad. Con las témperas la operación será similar, poca témpera en el pincel y al final mucha, para lograr que el color vaya volviéndose pastoso y la textura de las pinceladas sea gruesa. Finalizaremos con pasteles gruesos, haciendo trazos suaves y delgados, luego rápidos y gruesos. Lo dejaremos secar y pasaremos nuestra mano por diferentes áreas del cuadro, observando las diferentes texturas y la intensidad del color.

Las témperas, las acuarelas y los pasteles producen diferentes sensaciones al utilizarlas, les recomendamos que hablen entre ustedes y compartan su experiencia.

• Distorsionando la realidad

Consiga un libro de Salvador Dalí donde encuentre fotografías de la pintura *Relojes derretidos*, cuéntele a su hijo o hija una breve historia de quién fue este famoso pintor surrealista. Muéstrele imágenes de los cuadros e invítelo a jugar a distorsionar imágenes al estilo Dalí. Por ejemplo, dibujar un edificio intentando estirar sus pisos, sus ventanas y toda su fachada o hacer un rostro humano que se vaya distorsionando por partes: ojos, nariz, boca, orejas: utilice líneas onduladas para crear estos efectos y diviértase con los extraños dibujos que ustedes podrán inventar. También podrán usar la arcilla pues es más maleable y podrán alargar y distorsionar las formas.

• Libro en movimiento con la técnica de los dibujos animados:

Utilice una cartulina para cortar cuadrados de seis centímetros de ancho por seis centímetros de largo. La idea es que cada uno de los niños tenga ocho cuadrados, dos de estos se usarán para las carátulas del libro y los demás para los fotogramas. Haga con su hijo un dibujo muy sencillo en el primer cartón, por ejemplo la cara de un personaje que tiene la boca cerrada, en el siguiente cartón abrirá un poco la boca y así sucesivamente, hasta llegar al último fotograma, donde la cara del personaje tendrá la boca totalmente abierta. Una los cuadrados de cartón con grapas como si fuese un libro, póngale título a su libro en la carátula y pase las paginas a toda velocidad.

- Realizando un cortometraje:

Esta actividad es complementaria al juego de los libros en movimiento que busca poner a los niños y niñas en contacto con el principio del movimiento en el cine. Consiga acetato plástico duro y transparente, cortado en cuadros que tengan la medida exacta para ponerlos luego en marcos de diapositivas (búsquelos en almacenes de fotografía). Adicionalmente, es preciso conseguir marcadores permanentes que sequen muy rápido, tintas chinas o anilinas de colores y un proyector de diapositivas.

Entréguele a cada niño o niña, seis u ocho acetatos, rotuladores y tinta, para que pinten la historia en seis u ocho partes. Es importante tener en cuenta que el espacio para pintar es muy pequeño, sin embargo, en la proyección se verá mucho mayor y los desvanecidos de la tinta tendrán un efecto especial. Deje secar y finalmente introduzca los acetatos en los marcos de plástico para poder proyectar el cortometraje.

Esta actividad es muy divertida y mágica, pues permite trabajar sobre un formato pequeño y luego proyectarlo para que las imágenes crezcan y se conviertan en pequeñas escenas de una película que nosotros inventamos. Existe una variación que consiste en usar diapositivas de fotografías viejas que ya no utilicemos e intervenirlas con los marcadores para luego proyectarlas.

CAPÍTULO VI

Los libros: nuestros mejores amigos

Leer en el sentido estricto de la palabra significa entender o interpretar un texto, pero el acto de leer tiene múltiples significados y abarca muchas de nuestras rutinas diarias. Si nos ponemos a pensar, todo el tiempo estamos leyendo lo que nos rodea: miramos el cielo y sabemos el clima que va a hacer en un día determinado; cuando saludamos a una persona conocida observamos su cara, oímos su voz y podemos deducir su estado de ánimo. Lo mismo sucede con los alimentos que comemos cuando los observamos: vemos su color, su olor, sus texturas y podemos adelantarnos al sabor que van a tener... y entonces es cuando decimos: "Esa torta de chocolate se ve esponjosa, fresca y tiene un olor delicioso".

Con esta primera reflexión queremos invitarlos a pensar por un momento en la palabra lectura como si fuera de hule y se pudiera estirar en varias direcciones, cambiar su forma para aprender a mirarla desde diferentes puntos de vista. Los músicos leen notas musicales; los pintores, las luces, los colores, las formas y las texturas; los bailarines leen los espacios, las emociones de la música y se expresan con su cuerpo; los carpinteros, antes de tallar una pieza de madera, leen el sentido de sus vetas y la dureza de la madera y así la lectura nos remite a diferentes universos donde la observación, la percepción y la intuición son los pilares fundamentales de todo ejercicio lector.

Las palabras cantadas y contadas, nos familiarizaron cuando éramos pequeños con los sonidos, los ritmos de nuestra lengua y las primeras historias, aquellas que estarán con nosotros a lo largo de la vida.

Por otra parte, es interesante pensar en el lugar que ocupan las palabras en nuestra vida, incluso antes de que podamos reconocer la primera letra escrita. Las palabras cantadas y contadas, nos familiarizaron cuando éramos pequeños con los sonidos, los ritmos de nuestra lengua y las primeras historias, aquellas que estarán con nosotros a lo largo de la vida. Estos sonidos, ritmos e historias nos construyen como hablantes y nos preparan para ingresar posteriormente en el mundo de la escritura.

En la prehistoria las palabras y la oralidad eran aun más importantes. En esta época todo canto contaba: como no existía la escritura, la memoria y la tradición oral eran las encargadas de hacer trascender la palabra en el tiempo. Los cuenta cuentos tradicionales narraban historias para un grupo de la comunidad que estaba conformado por adultos, jóvenes y niños; cada cual descubría en la narración algo importante para su momento vital. Por consiguiente, no existían cuentos especiales para las diferentes edades.

Gracias a estas reflexiones podemos ampliar el espectro para comprender la lectura y los diferentes actos lectores que llevamos a cabo en nuestra vida diaria como una actividad más allá del proceso de alfabetización, para ponernos en contacto con una idea amplia de la literatura, donde los cantos, la sonoridad de las palabras, las imágenes que nos evocan una historia, son parte vital de ese primer abecedario que nos inicia en el mundo de la palabra, la lectura y la escritura.

Leer con nuestros hijos es una forma de comunicación distinta y divertida. Acercarlos a la literatura en sus múltiples expresiones es uno de los mejores regalos que podemos hacerles en sus primeros años de vida.

¿Cuándo se inicia el proceso de formación lectora en los niños?

Todos nos hemos preguntado alguna vez, cuál es el momento adecuado para aproximar y sensibilizar a un niño en el mundo de las palabras, las historias, los libros y la lectura.

Existen muchas posturas y creencias al respecto, pero sin entrar en grandes debates es posible descifrar el mensaje que nos transmiten las diferentes instituciones que se dedican a la promoción de la lectura: cuanto más temprano, mejor. Así, podremos construir un vínculo afectivo entre la lectura y los momentos vitales de cada niño desde sus primeros años de vida.

Cuando el bebé está todavía en el vientre de su mamá, es posible comenzar a jugar con las palabras, leerle historias y describirle situaciones o lugares con los que estamos en contacto. En ese momento, las palabras son estímulos sonoros que están atravesados por los afectos y van acercando al niño al mundo. En este caso, la palabra es sonoridad, tiene ritmo y transmite emociones, su significado no debe preocuparnos, pues es algo que se irá descubriendo más adelante y de forma progresiva.

Formas de la literatura en los primeros años de vida

La literatura para los más pequeños, está compuesta especialmente por música, rimas, arrullos, trabalenguas, retahílas, palabras cariñosas, relatos, historias, cuentos de la tradición oral, expresión corporal y hasta canciones que hacen salir el sol. Entonces leer se convierte en un canto, un juego de gestos y sonoridades.

Según Yolanda Reyes, el niño en esta etapa es un "oidor poético" que se fascina con los ritmos y la musicalidad de las palabras. La poesía que se usa en la primera infancia es binaria y corresponde al ritmo de los latidos del corazón: uno fuerte y uno suave, uno fuerte y uno suave, uno fuerte y uno suave.

Los recuerdos y experiencias que se encuentran en la memoria de los padres se hacen presentes en los juegos con sus hijos. Es así como los padres transmiten a sus hijos aquellos juegos típicos del "tope, tope, tun", "cuando voy a comprar carne"; "sana que sana…", "este dedito compró un huevito" que cariñosamente sus papás les enseñaron. Así, se va transmitiendo una tradición oral que es portadora de mucha sabiduría y que tiene múltiples usos:

> *Los recuerdos y experiencias que se encuentran en la memoria de los padres se hacen presentes en los juegos con sus hijos.*

jugar, arrullar, calmar los dolores y hasta hacer cosquillas para producir sonrisas en los niños.

Etapas del proceso de formación lectora.

Cuando el bebé se sienta

Para los bebés, los libros inicialmente son un juguete más para morder, chupar e ir entrenándose en el arte de pasar las páginas. En este momento, son muy importantes aquellas formas de la literatura que trascienden el texto y se enmarcan en el mundo de la música y la poesía: canciones, rimas, retahílas, arrullos y juegos poéticos.

Luego vendrán los primeros libros de imágenes y libros álbum; son textos donde la historia está concebida en un doble lenguaje: el texto literario y la ilustración. En este género de la literatura infantil, algunos libros cuentan historias sencillas a partir de imágenes y pequeños textos o simplemente nos muestran imágenes de objetos familiares para que el niño los vaya identificando. También hay libros con texturas que invitan a usar los sentidos del tacto, la vista y en algunas ocasiones el olfato, contribuyendo al desarrollo sensorial de niños y niñas.

Dentro del campo del desarrollo sensorial es clave incluir rituales que nos conecten con otras formas de lectura como las que mencionamos al principio del capítulo y es allí donde podemos contarles a nuestros hijos, a partir de ejercicios de observación, las formas y los colores de un paisaje que vemos frente a nuestro balcón o describirles alguna fruta, un juguete o un olor.

Cuando el niño se sienta, sus padres los sientan entre sus piernas, para hojear las páginas de un libro, creando un ambiente cálido de bienestar donde la noción del tiempo se transforma y se pone al servicio de las historias que van apareciendo con el pasar de las páginas. Niños y padres están allí compartiendo juntos un espacio, el gusto por la lectura nace del gusto por la compañía y se vincula al desarrollo de la capacidad de escuchar y percibir las emociones que nos propone el otro con sus gestos, su tono de voz, sus ritmos y melodías.

Los niños a partir de ese nuevo ritual, descubren con el tiempo muchas cosas: los libros se leen de izquierda a derecha, las imágenes se vuelven palabras, las historias tienen un principio, un desarrollo y un final, las hormiguitas que aparecen en las páginas de los libros —las letras— tienen significados, nos invitan a imaginar muchas cosas y producen alegría, tristeza, miedo o ternura.

Cuando el niño camina

Cuando el niño camina, conquista la verticalidad, un nuevo mundo aparece y una curiosidad exacerbada por descubrirlo todo lo domina completamente. En un principio el caminante se encuentra entre su necesidad de exploración del mundo externo y los ajustes en su desarrollo sensorio motriz para conseguir equilibrio, tono y postura.

Los juegos con la palabra, que ponen en movimiento al niño, lo hacen efectuar recorridos y le facilitan el descubrimiento de sí mismo, del mundo exterior y de los objetos, son ideales para iniciar el proceso de promoción de la lectura. Algunos ejemplos son: las rimas, juegos con palmas y juegos poéticos. Además, los juegos y las acciones rítmicas sirven también para desarrollar y afinar la coordinación motriz.

Otra característica importante de esta etapa es la imitación, a través de la cual desarrollan aprendizajes. Imitar también es una forma de comunicarse con los otros. En este caso, los libros con imágenes de animales pueden servir para promover juegos donde se emiten los sonidos de los animales para que el niño los imite y los vaya diferenciando.

Entre los doce y los quince meses comienza el desarrollo del lenguaje articulado; las primeras palabras están asociadas a las personas y los objetos que constituyen el mundo afectivo de los niños. Su vocabulario es limitado y tienden a usar la misma palabra para diversas personas u objetos. La literatura y los juegos con la palabra servirán para enriquecer el habla en los primeros años de vida.

Dos a seis años

Esta edad es ideal para que los padres construyan con sus hijos rituales y hábitos relacionados con la lectura. La lectura en voz alta y la lectura de imágenes adquieren gran importancia en esta etapa. Incluso, los niños y niñas disfrutan muchísimo observando por sí solos, las ilustraciones de los libros. También les encanta que les lean una historia una y otra vez, así como a nosotros nos gusta repetir una buena película, un buen libro o visitar varias veces el mismo restaurante. Hay niños y niñas que se aprenden de memoria algunos de sus libros preferidos.

De acá en adelante, los relatos irán de historias sencillas a otras más complejas. Así mismo, surgirán otras necesidades del niño: asumir la llegada de un nuevo hermanito; enfrentar sus temores; sus primeras pesadillas; sus necesidades de imaginar y preguntarse el por qué de las cosas.

La literatura en sus diversos géneros será entonces un acompañante importantísimo en la experiencia de estos momentos vitales y servirá, por ejemplo, para sentir que los monstruos de nuestras pesadillas son divertidos y amigables como los describe Ivar da Coll en su libro "Tengo miedo". En este libro aparecen monstruos invisibles, monstruos con cachos y narices grandes que se lavan los dientes por las noches, que a veces no se toman la sopa y a quienes les encantan los helados de colores.

Esta es la época de las preguntas, de las historias interminables y el asombro que moviliza la curiosidad, de la imaginación y la búsqueda de respuestas.

La literatura puede ser una acompañante ideal para promover la fantasía y la creación de nuevos mundos permitiéndole al niño cultivar su pensamiento creador.

La literatura puede ser una acompañante ideal para promover la fantasía y la creación de nuevos mundos permitiéndole al niño cultivar su pensamiento creativo.

Los libros informativos serán muy útiles para guiar las preguntas infantiles e iniciarlos en el mundo de la investigación y la ciencia. Todas las reflexiones anteriores reafirman la importancia de la literatura en la primera infancia, como un acto que pasa por el corazón y está poblado de sentido para los seres humanos.

De 6 a 9 años

En esta etapa se consolidan las destrezas lectoras, sin embargo es fundamental continuar con el hábito de leer en voz alta a sus hijos. El ejercicio intelectual que deben hacer para descifrar el código alfabético y pronunciar bien las palabras leídas, es difícil y lento, haciendo que en ocasiones el niño o la niña pierda el gusto por la lectura. Para que esta situación no se presente, resulta indispensable que los mediadores de lectura: padres, maestros y demás familiares, continúen compartiendo historias maravillosas con sus niños y niñas, a través de la lectura en voz alta logrando conservar el placer de leer y aportando a la formación de los niños como lectores independientes.

En esta etapa hay dos maneras de continuar con el proceso de animación a la lectura: una manera es seleccionando libros significativos para los niños de estas edades, que contengan historias sencillas y textos cortos que puedan ser leídos fácilmente y de forma autónoma. La segunda, consiste en seleccionar libros más extensos como obras de ficción que puedan ser leídos por capítulos en voz alta por parte de los padres u otros mediadores de lectura.

Los padres como mediadores de lectura

Los padres son los que propician los primeros encuentros entre la literatura infantil y sus hijos. A continuación mencionaremos algunos comportamientos del niño que son naturales en su proceso de acercamiento a los libros y la lectura, complementándolos con algunas recomendaciones generales para los padres en su papel como mediadores de lectura.

Al principio, para los niños, los libros son un objeto más con el que se puede jugar, se van dando cuenta de que se aprecian con la vista, de que se manejan con las manos, pero no es sencillo hacerlo. Los abren, miran las páginas de forma aleatoria, los hojean con las figuras de cabeza, imitan todo lo que los adultos parecen hacer con los libros, los periódicos o las revistas que miran. Más adelante, fijan su atención y se concentran en imágenes similares a las de su entorno, con las que pueden identificarse. Cuentan lo que están viendo en las ilustraciones, en principio por imitación y luego porque las imágenes los motivan a hacerlo.

Después se enteran de que existe un orden determinado para la historia que acontece con el pasar de las páginas, aprenden a mirar el libro respetando la secuencia, sin dejar de devolverse a sus páginas favoritas. Los niños irán descubriendo que pueden verse reflejados en los libros, que a través de estos se enteran de cómo es la vida de otras personas, cómo son otros países, cuáles son los trabajos que hacen las personas, lo que sueña la gente, los problemas que tienen y sus alegrías.

Es muy común que el interés por los libros y por la escritura crezca, una vez que los niños pueden leer la historia apoyándose en las imágenes y también recordando lo que otros les han leído. Entonces querer mirar las ilustraciones y contarlas, será una de sus actividades preferidas, al igual que jugar con sus juguetes favoritos. Las prácticas y habilidades de la lectura de los adultos con los que el niño comparte el día a día, son estímulos que motivan a los lectores en formación y forman parte de la experiencia social de la lectura y la escritura.

Los materiales para esta primera etapa son de diversos tipos y van dirigidos a poblaciones distintas. Existen las antologías poéticas, los libros de rimas, retahílas y trabalenguas, los discos de música infantil que son materiales para que los adultos se los apropien y después los transmitan a sus pequeños. También están los libros-álbum para bebés, que contienen imágenes grandes puestas sobre fondos claros que facilitan la identificación del objeto o personaje. Estos están diseñados frecuentemente en formatos pequeños que facilitan su manipulación.

Luego irán apareciendo los libros-álbum con textos, donde la imagen necesita del texto y viceversa. Este tipo de libros ha evolucionado muchísimo en los últimos años y cada vez existen más propuestas editoriales muy profesionales que conciben a los niños y niñas como lo que verdaderamente son, lectores inteligentes con criterios y sensibilidad estética. Estos libros-álbum en su gran mayoría son verdaderas obras de arte que constituyen todo un placer estético y literario para quien los lee. Después vendrán los cuentos cortos, los libros informativos, los libros de ficción, los cómics, los mitos, las leyendas y las novelas, entre otros.

La lectura en voz alta: una herramienta muy valiosa para los mediadores de lectura:

Esta es una práctica muy antigua que está siendo valorada enormemente en los proyectos de promoción lectora, como una de las estrategias principales para acercar a las personas a la lectura y propiciar que ésta se convierta en un hábito.

Jim Trelease es un escritor norteamericano especializado en la lectura en voz alta, que ha descubierto un sinfín de beneficios que surgen de esta práctica. Trelease, en su libro Manual de la lectura en voz alta, señala: "Les leemos a los niños por las mismas razones que les hablamos: para tranquilizarlos, para entretenerlos, para crear lazos; para informarles o explicarles algo, para despertar su curiosidad, para inspirarlos". Así mismo, cuando se lee en voz alta se logra que el niño asocie la lectura con el placer, se crean las bases del conocimiento, se construye vocabulario y se ofrece un modelo lector. Además, la práctica de la lectura en voz alta nos permite disfrutar un buen libro acompañados de las personas que queremos y lograr que las primeras experiencias con la lectura sean placenteras, facilitando que el niño más adelante afronte los retos y complejidades del proceso de alfabetización.

Cuando uno lee en voz alta, está prestándole su voz al texto para hacer que la historia adquiera vida, a partir de las emociones que uno transmite en los matices y entonaciones de la voz. Otro aspecto importante consiste en comprender que el lector en voz alta es muy diferente al narrador o cuentero, pues en la cuentería, el protagonista es el narrador y en la lectura en voz alta el protagonista es el texto.

Rodolfo Castro, escritor y narrador oral mexicano en un artículo sobre la lectura en voz alta, llamado *Habitar el sonido* publicado en la revista *Hojas de lectura* de Fundalectura, dice: "No se lee en voz alta para ser escuchado, leemos en voz alta para que los que escuchan vean el sonido, se arropen en él, lo habiten". Esta afirmación nos sirve para dimensionar la responsabilidad que tenemos con un texto cuando lo leemos en voz alta para otros: debemos acercarnos con curiosidad para conocerlo bien, experimentar sus emociones, imaginarnos los lugares y personajes que describe, hasta llegar a crear una relación de complicidad con la historia y el autor.

Algunas recomendaciones generales para preparar una lectura en voz alta:

- Lea varias veces el texto antes de leerlo a sus hijos o a un grupo de niños. Identifique, por ejemplo, los momentos en los que quiere cambiar el tono de la voz para transmitir una emoción, o en los que quiere detenerse unos segundos para crear suspenso.
- Antes de empezar a leer la historia, lea el título del libro, el autor y el ilustrador.
- Cuando lea para un grupo asegúrese de que todos los niños vean las ilustraciones.

- Lea historias que usted disfrute y que le produzcan emociones.
- Recuerde no hay un modelo único de lector en voz alta. Cada persona, con la práctica, desarrolla su estilo y va comenzando a formar su lista de libros preferidos para leer en voz alta. Lo importante es sentirse cómodo con la manera como lee y disfrutar la historia para contagiar a los demás.
- Es importante seleccionar el material, no todos los libros sirven para leer en voz alta. Tenga en cuenta los intereses de sus hijos o de las personas que van a oír la historia, los tiempos de atención, el hábito de lectura, entre otros. Para los más pequeños seleccione libros álbum con textos cortos mientras se van habituando a los espacios de lectura en voz alta, vaya cada vez ganando en extensión y use diferentes géneros literarios (poesía, fábula, leyenda, cuentos, etc).

Algunos consejos para seleccionar buenos libros de literatura infantil

Cuando usted vaya a comprar o a pedir prestados libros de literatura infantil en una biblioteca, mire bien que el libro esté respaldado por un autor, un ilustrador y una editorial; que no sea anónimo. Investigue si el libro es una versión original o una adaptación. Pregunte también para qué edad es el libro. Generalmente, las editoriales tienen los libros con rótulos que sugieren la edad; valore esta recomendación pero compleméntela con su criterio.

Mire y sienta lo que el libro le dice. Es útil también

preguntarse: ¿Resulta interesante para usted?, ¿Le genera emociones?, ¿Es divertido?, ¿Tiene ilustraciones con buena calidad estética?, ¿Sirven las ilustraciones para el contenido del texto? Y lo más importante, piense en su hijo o hija: ¿Le gustará este libro?, ¿Lo sorprenderá?, ¿Estará dentro de sus temas de interés?

Los niños pueden participar en la selección para que vayan adquiriendo un criterio; acompáñelos y guíelos con buenos consejos y herramientas para hacer una buena elección.

> *Los niños pueden participar en la selección para que vayan adquiriendo un criterio; acompáñelos y guíelos con buenos consejos y herramientas para hacer una buena elección.*

Tenga en cuenta que la literatura infantil presenta diversas opciones: libros-álbum, libros de ficción, libros de literatura fantástica, libros informativos, libros de recetas de cocina, libros de poesía, entre otros. Si el menú de libros que usted como mediador presenta a sus hijos es variado, esto permitirá mayores niveles de libertad y un contacto rico con la literatura en sus diversas manifestaciones.

Una buena estrategia para la selección de libros es apoyarse en el listado de recomendados de instituciones como Fundalectura, Fundación para el Fomento de la Lectura, IBBY o el Banco del Libro de Venezuela, donde aparecen títulos seleccionados para las diferentes edades. También existen algunas revistas especializadas como la *Revista latinoamericana de literatura infantil y juvenil*, *Hojas de lectura* (revista de Fundalectura); *Revista virtual de literatura infantil* (consultar en www.cuatrogatos.com) y el boletín electrónico de literatura infantil *Imaginaria*; donde aparecen novedades literarias y autores recomendados.

Actividades de animación a la lectura por edades

A partir del momento en que el bebé se sienta
- Adaptar un espacio de la casa o del cuarto de su hijo para organizar un rincón de lectura; es ideal que ese lugar tenga unos cojines cómodos donde se cree un ambiente acogedor, que sea un espacio tranquilo y sin ruidos. Los libros deben estar allí, dispuestos en el suelo o en una canasta, para que los niños y niñas puedan manipularlos, tocarlos, hojearlos, morderlos y jugar con ellos.
- Proporcione a su hijo libros de tela o de cartón fuerte para que pueda chuparlos, morderlos y manipularlos. Estas acciones hacen parte del proceso exploratorio del libro como objeto, por parte del bebé. (Los libros para estas edades deben tener una encuadernación resistente y puntas romas.)
- El bebé de esta edad disfruta del movimiento, los juegos rítmicos y estar en constante exploración de su cuerpo. Por eso las canciones y los juegos musicales que tienen como objetivo el reconocimiento corporal pueden ser muy útiles y divertidos.
- Lea libros de imágenes con poco texto. Nombre las cosas o personas que aparecen allí.

- Integre la poesía y las rimas dentro de las actividades diarias (hora del baño, la comida, el tiempo de juego).
- Realice paseos al aire libre donde le mencione los nombres de los elementos de la naturaleza que va observando. Es decir, muéstrele que hay diferentes tipos de lectura.

Desde que el niño camina en adelante
- Establecer relaciones entre las imágenes de los libros y el entorno que rodea al niño, por ejemplo: "Mira, este balón tiene el mismo color de tu triciclo".
- Encontrar una hora del día que se pueda convertir en un ritual para leer juntos.
- Masajear los pies y contarles un cuento o cantarles.
- Jugar con canciones que inviten a realizar acciones para que los niños imiten.
- La pedagoga Evelyn Torres en su libro *Palabras que acunan* menciona un juego muy divertido que son los "cuentos con trapo" y consiste en tomar un pedazo de tela de algodón e improvisar un cuento, lanzando el trapo, atrapándolo, sacudiéndolo, ondulándolo, extendiéndolo, con sonidos onomatopéyicos *(¡pum! ¡glup! ¡tan! ¡chaz!)*, frases cortas que acompañen la acción dentro de una dinámica que involucra todo el cuerpo de la madre, el padre o cuidador y su capacidad histriónica. En los cuentos con trapo, el niño pasa por estados tónicos de relajación y tensión, de entrega y suspensión, lo que promueve un tono emocional para el reposo. Se-

guir el trapo con la mirada contribuye al proceso de relajación.

Dos a seis años en adelante

- Escuche con atención las historias que sus hijos inventan.
- Promueva las relaciones y comparaciones de lo que sucede en el libro con experiencias vividas en la familia.
- En la noche, antes de acostar a su hijo, reconstruya con él lo más importante que sucedió en el día. Identifique un momento especial que lo podrá llamar como "mi momento mágico". Un ejemplo: mi momento mágico fue cuando hicimos galletas de chocolate con la maestra de la escuela. Esta actividad también podrá hacerse en familia y resultará muy divertida pues fortalece los procesos de construcción de una memoria autobiográfica.
- Haga lectura de imágenes con su hijo: tome un libro de imágenes y abra la primera página, pregúntele a su hijo "¿Qué está pasando aquí?" y se sorprenderá con todo lo que le va a contar; continúe mirando el resto del libro y haciendo la misma pregunta, para que su hijo lea las imágenes y compruebe que no es necesario leer alfabéticamente para poder leer un libro.
- Elabore unas fichas que tengan dibujos de:
  Un lugar (parque, ciudad, lago, montaña, etcétera)
  Un personaje (un gato, una niña, un policía, etcétera)
  Un momento del día (la mañana, la tarde o la noche)

Una imagen que represente una acción (comer, reír, manejar, etcétera)

Luego ubique las fichas en un orden y pídale al niño que las lea. Por ejemplo: "El murciélago vuela de noche en la ciudad". Luego, el niño o la niña podrán organizar las fichas y usted deberá leer.

- Los libros troquelados que ofrecen posibilidades de interacción son ideales para esta etapa.
- Utilice libros informativos que le ayuden al niño a investigar sobre sus preguntas más frecuentes (los planetas, la luna, los dragones, los dinosaurios, entre otros). Si no tiene material en casa visiten la biblioteca del colegio o una biblioteca pública.
- Acostúmbrense a visitar las salas infantiles de las bibliotecas públicas o asistir a la hora del cuento en jardines infantiles, librerías, o centros culturales que desarrollan este tipo de actividad, para que sus hijos tengan la posibilidad de compartir historias con otras personas que disfrutan del goce de la lectura.
- Cuando lea en voz alta, juegue con diferentes entonaciones de su voz, permita que su hijo vea las ilustraciones, haga preguntas o comentarios durante la lectura. Deténgase en algunos momentos de la historia para generar suspenso y disfrute muchísimo de este espacio de encuentro en familia.
- Utilice títeres para animar o representar historias.
- Jueguen a dramatizar historias donde los personajes asuman roles cotidianos.

De seis a nueve años

- En esta etapa suelen consolidarse las destrezas lectoras. Es necesario respetar los tiempos y el ritmo que cada niño tiene para convertirse en un lector autónomo. ¡Continúe leyendo en voz alta!
- Lean con sus hijos e hijas libros de fábulas, leyendas y cuentos tradicionales.
- Esta etapa es ideal para comenzar a leer novelas cortas. Los padres podrán escoger novelas y cuentos más extensos para leerlos en voz alta a sus niños.
- Los cómics son un género literario con el que los niños de esta edad y los jóvenes en general tienen mucha empatía.
- Otros libros que pueden hacer parte del menú de lecturas, son los manuales de cocina, manualidades y experimentos.
- Tenga en cuenta las antologías poéticas, los libros de acertijos y trabalenguas.
- Los libros informativos sobre ciencia, arte y humanidades son muy recomendables para fortalecer las habilidades investigativas.
- Proporcione a su niño o niña libros con narraciones más largas que contengan historias de suspenso y aventuras.
- Escriban juntos una carta a un personaje particular de un libro o al autor del mismo.
- Cambien los finales de la historia que están leyendo.
- Las fantasías guiadas son un buen recurso para desarrollar la imaginación y muy útiles para invitar a los

pequeños a dormir. Estas consisten en narraciones de viajes a lugares especiales (bosques, islas, un planeta lejano, montañas, el fondo del mar) que realiza el adulto para que el niño vaya imaginando los sitios que le describen, teniendo siempre los ojos cerrados.

De diez a doce años
* En esta etapa están consolidadas las destrezas lectoras.
* Las lecturas de los niños estarán determinadas por sus intereses y no por sus habilidades.
* El adulto debe continuar presentando un menú variado de géneros literarios para que sus hijos e hijas seleccionen el libro que más les guste.
* Continúen leyendo a sus niños en voz alta.
* Narraciones de aventuras, viajes, misterios, historias detectivescas e historias de amor son excelentes para leer en estas edades.
* Novelas de ficción con contenidos fantásticos o de mundos sobrenaturales.
* Novelas realistas que acerquen al niño o niña a experiencias de otras culturas.
* Obras de teatro que se presten para montar con los niños.
* Biografías.
* Tiras cómicas.
* Libros de leyendas y mitos.
* Libros informativos que traten temas de interés para sus niños y niñas.

Menú variado de libros de literatura infantil

Para terminar este capítulo, queremos referenciar un menú variado de libros infantiles para que padres y maestros lo tengan en cuenta como una sugerencia y un punto de partida para quienes comienzan a descubrir el mágico mundo de la literatura infantil:

Menú de libros para bebés

Anthony Browne. *Me gustan los libros*. Fondo de Cultura Económica

Antonio Rodríguez y Sergio Andricaín (Comp.). *El libro de Antón Pirulero*. Panamericana

David Mckee. *Los amigos de Elmer*. Fondo de Cultura Económica

Helen Oxenbury. *Vacaciones*. Editorial Juventud

Ivar Da Coll. *Chigüiro y el baño*. Editorial Norma

Ivar Da Coll. *Chigüiro y el lápiz*. Editorial Norma

Michael Rosen. *Vamos a cazar un oso*. Ediciones Ekaré

Satoshi Kitamura. *Gato tiene sueño*. Fondo de Cultura Económica

Susan Winters. *Yo puedo*. Ediciones Ekaré

Tomie de Paola. *La abuelita de arriba y la abuelita de abajo*. Editorial Norma

Menú de libros para niños y niñas (2 a 6 años)

Anthony Browne. *Willy el tímido*. Fondo de Cultura Económica

Ian Falconer. *Olivia*. Fondo de Cultura Económica

Ivar da Coll. *Tengo miedo*. Panamericana

Jaime Lee Curtis. *Cuéntame otra vez la noche que nací*. Serres

Keiko Kasza. *El día de campo de Don Chancho*. Editorial Norma

Lucy Cousins. *Jazzy en la selva*. Serres

Lucy Cousins. *¡Jugando al escondite!*. Serres

Maurice Sendak. *Donde viven los monstruos*. Editorial Alfaguara.

Polly Dunbar. *Azul*. Serres

Sam McBratney. *Adivina cuanto te quiero*. Kókinos

William Steig. *Pedro es una pizza*. Editorial Norma

Menú de libros para niños y niñas (6 a 9 años)

Aliki. *Mi visita a los dinosaurios*. Editorial Juventud

Anthony Browne. *Cambios*. Fondo de Cultura Económica

Anthony Browne. *El libro de los cerdos*. Fondo de Cultura Económica

Arnold Lobel. *Búho en casa*. Ediciones Ekaré

Dyan Sheldon. *El canto de las Ballenas*. Ediciones Ekaré

Frédéric Sorbier y Jean Philippe Chabot. *Pablo Picasso*. Editorial SM

Gianni Rodari. *Cuentos por teléfono*. Editorial Juventud

Margaret Mahy. *El secuestro de la bibliotecaria*. Editorial Santillana

Tao Tao Liu Sanders. *Dragones, dioses y espíritus de la mitología china*. Editorial Anaya

Menú de libros para niños y niñas (10 a 12 años)
Chris Van Allsburg. *Jumanji*. Fondo de Cultura Económica
Katherine Paterson. *Un puente hasta Therabithia*. Alfaguara
Lygia Bojunga. *La bolsa amarilla*. Editorial Norma
Mark Twain. *Las aventuras de Tom Sawyer*. Editorial Juventud
Recopilación Ramón Paz Iguana. *El conejo y el mapurite*. Ediciones Ekaré
Roald Dahl. *James y el Melocotón Gigante*. Editorial Santillana
Roald Dahl. *Las brujas*. Editorial Santillana
Stephanie Spiner. *Atalanta, la cazadora*. Editorial Norma
Yolanda Reyes. *El terror de sexto B*. Alfaguara

CAPÍTULO VII

Jugando con las palabras
Propuestas para despertar en los niños el deseo de escribir, narrar historias y jugar con las palabras

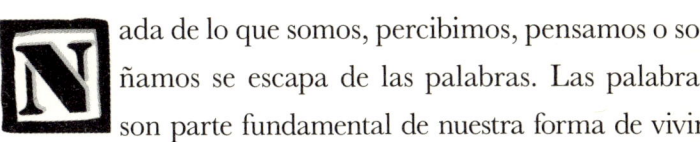ada de lo que somos, percibimos, pensamos o soñamos se escapa de las palabras. Las palabras son parte fundamental de nuestra forma de vivir. Cuando tenemos una experiencia agradable, triste, impactante o macabra nos es útil narrarla a través de la palabra hablada para aprender sobre ella. Hablar es jugar con las palabras, escuchar su musicalidad, darnos cuenta de que cada una de ellas tiene un "sabor" diferente y de que cada uno de nosotros tiene una forma particular de expresarse para vivir a su manera. Intelectuales tan importantes como los psicoanalistas Georges Jean y Bruno Bettelheim, pedagogos como el italiano Gianni Rodari, e incluso poetas y escritores tan famosos como Rafael Alberti y Federico García Lorca entregaron parte de sus vidas a escribir textos que contenían juegos de palabras, rimas, poemas y cuentos, para que los niños pudieran despertar el deseo de jugar con las palabras.

La música de las palabras

Es posible promover el deseo de que los niños aprendan a saborear las palabras desde que son muy pequeños. Podemos hacerles entender a través de poemas, trabalenguas, canciones, cuentos y juegos lingüísticos que cada palabra tiene una música diferente, que puedo hablar fuerte, suave, gritar, susurrar o alargar las sílabas de una palabra para que parezca que se la estuviera llevando el viento. Cuando un niño escucha un cuento, las palabras desfilan unas tras otras y se vuelven casi música. No debemos olvidarnos de que la escritura apareció hace relativamente poco en la historia del hombre y que las palabras fueron en principio únicamente habladas o cantadas. En su libro *Oralidad y escritura* el antropólogo Walter Ong nos muestra que la rima fue hecha en principio no como una forma artística sino como una manera de memorizar textos largos. La oralidad es parte fundamental de nuestras vidas y mientras más temprano le enseñemos a nuestros niños a valorar su "propia música", más vamos a poder fomentar en ellos su creatividad y su individualidad.

Cuando les enseñamos a los niños a jugar con las palabras, a confrontarlas entre sí para llegar a nuevas historias, a buscar la música de cada una de ellas y a encontrar aquellas que más les gustan, les estamos enseñando de nuevo a ser libres dentro de las limitaciones que les presenta la vida. Jugando con las palabras, los niños aprenden que es posible desviarse de caminos ya trazados y construir otros nuevos, posibles, diferentes y sobre todo, propios. Los artistas son personas que aprenden a jugar con disciplina. Y esto se aprende desde niños, desde cuando podemos adquirir la materia prima necesaria (las palabras, los colores, las notas musicales), conocer las reglas de cada una de las artes y cuando podemos trazar nuestros propios caminos en el constante descubrimiento que implica jugar con todos estos ingredientes.

Algunos ejercicios para jugar con las palabras

Para hacer una mesa (5 años en adelante)

Esta rima sirve para que los niños aprendan a memorizar las palabras de un verso, valiéndose para ello de ayudas gestuales. La rima dice así:

> Para hacer una _mesa_, hace falta _madera_.
> Para hacer la _madera_, hace falta un buen _árbol_.
> Para hacer un buen _árbol_, hace falta _semilla_.
> Para hacer la _semilla_, hace falta un buen _fruto_.
> Para hacer un buen _fruto_, hace falta una _flor_.
> Para hacer una _mesa_, hace falta una _flor_.

Cuando usted repite la rima una vez con su hijo, puede parar en las palabras subrayadas, para que él las recuerde.

Si él no es capaz de recordarlas, usted puede ayudarle haciendo uso del lenguaje gestual (hacer un árbol con las dos manos, un fruto redondo, un pedazo de madera o un palo, una semilla pequeñísima entre los dedos, etcétera).

Entonces usted puede repetir:
Para hacer una mesa, hace falta... (y hace el gesto que representa madera).
Para hacer la madera, hace falta un buen... (y hace el gesto que representa el árbol...).

Variaciones: Una vez su hijo se haya aprendido la canción y los gestos, usted puede invitarlo a repetir la canción cada vez más y más rápido, al mismo tiempo con usted.

El diccionario fantástico (7 años en adelante)

Tome una serie de revistas o periódicos viejos y recorte palabras que tengan letras grandes y llamativas. Separe y recorte luego las sílabas de cada palabra y métalas en una cajita para que su hijo elija grupos de tres o cuatro de ellas. Dígale que las pegue en una hoja de papel ordenándolas de la forma que le parezca más divertida. Una vez haya reunido y pegado las sílabas, pregúntele qué significa esta palabra. Pregúntele si "el mocífago" (por ejemplo) es una bestia marina, o un ave que vive en la selva.

Variaciones: dígale que pinte el animal, que escriba una historia sobre esta bestia marina, o que simplemente la defina. Usted puede hacer este ejercicio cada cierto tiempo para ir conformando un "diccionario fantástico" que puede irse completando con el tiempo.

Digo... y la palabra... *(8 años en adelante)*

Este juego estimula el pensamiento asociativo de los niños y es a la vez una actividad muy poética y divertida para trabajar con ellos. El juego puede ser desarrollado de manera oral o escrita y puede ser combinado con otros de los juegos con palabras que aparecen en este capítulo. El juego consiste en elaborar una lista de palabras que puedan despertar asociaciones inmediatas con otra categoría de palabras. La primera palabra será siempre un sustantivo, la segunda un verbo.

A continuación, presentamos algunos ejemplos:

Digo (llave) y la palabra (abre)

Digo (escalera) y la palabra (sube)

Digo (agua) y la palabra (moja)

Digo (sol) y la palabra (brilla)

Digo (piedra) y la palabra (cae)

Digo (pez) y la palabra (nada)

¡Los invitamos a elegir sus propios ejemplos!

He conocido a uno... *(8 años en adelante)*

Este divertido juego es una variación de una actividad propuesta por el pedagogo italiano Gianni Rodari. Consiste en formular una serie de versos que siempre terminen haciendo que nuestro hijo adivine el nombre de una ciudad. La estructura de los versos es muy sencilla. Todos ellos comienzan con la frase: "He conocido a uno". Luego nombramos una característica del personaje conocido, que debe rimar con el nombre de una ciudad que su hijo conozca. El tercer verso es libre y el cuarto se refiere a la ciudad que debe ser adivinada. Usted puede preparar varias "adivinanzas" y puede estar seguro de que ésta va a ser una de las actividades preferidas por su hijo. He aquí algunos ejemplos:

He conocido a uno
Que se sienta en una silla
Su ciudad es española
Y nos visita de... (Sevilla)

He conocido a uno
Que se esconde entre la arena
Su ciudad queda en la costa
Y él viene de... (Cartagena)

He conocido a uno
Que tiene una tía muelona
Su ciudad es española
Y es que él vive en... (Barcelona)

He conocido a uno
Que tiene unas lindas vacas
El viene de Venezuela
Y su ciudad es... (Caracas)

He conocido a uno
Que se sienta en un sillín
Su ciudad es muy bonita
Y él viene de... (Medellín)

¡Intente usted sus propios ejemplos!

Instrucciones sencillas para trabar las lenguas (8 años en adelante)
Invite a su hijo a que escriba su nombre en un papel y lo diga varias veces en voz alta. Luego, dígale que subraye la sílaba o letra que más le gusta. Puede ser porque suena raro, porque suena mucho, o simplemente porque sí. Dígale después a su hijo que piense palabras que tengan esta sílaba o letra una o más veces y que las escriba en un papel. Luego, invítelo a que arme un pequeño texto utilizando todas las palabras que pueda de la lista. Dígale luego que lea el texto varias veces, cada vez más rápido, ¡hasta que se le trabe la lengua!

Ejemplos con nombres y textos:
Martín (eligiendo la letra t): tonto, trigo, tiempo, tragar, gata, estrella, tiempo.
Podríamos entonces escribir: Trina, la gata tonta traga trigo todo el tiempo. Tanto traga y traga Trina que se estrella contra todo.

A MODO DE DESPEDIDA...

Ha llegado la hora de decir "adiós" a nuestros lectores. Pero con esta despedida, queremos comunicar el deseo de seguir compartiendo con ustedes todos los descubrimientos que vayamos haciendo para seguir desarrollando experiencias significativas con sus hijos. También agradeceremos mucho a los lectores que sigan compartiendo sus descubrimientos sobre ejercicios, historias y consejos que sirvan a otros lectores, padres y maestros. La educación de los niños es un eterno enigma que no tiene respuestas concretas, un camino lleno de preguntas y posibilidades. Y mientras más recursos tengamos, más creativa será nuestra actitud frente a la educación de nuestros hijos. Para todos aquellos padres y maestros que quieran unirse a la iniciativa de seguir compartiendo, queremos abrir un pequeño "foro" donde se consignen las ideas y experiencias que vayan encontrando. Para ello, pueden escribir a la siguiente dirección: *creatividadparapadres@hotmail.com*

Estamos contentos por haber podido compartir con ustedes los hallazgos y herramientas que aparecen en este libro. Por lo pronto, seguiremos investigando para poder tener en el futuro, muchas más actividades y ejercicios que podamos compartir con ustedes.

Nos despedimos con este cuento breve que nos narró un día nuestro amigo Alekos, músico, ilustrador, pintor, cuentero y, sobretodo, niño grande:

...Y fue por aquellos días que el cocolilo, el tile, el popótamo, el nochelonte, y el paballo de layas comenzaron a entrar en vías de extinción. Y no fue porque los cazadores comenzaran a disparar a los animales de la selva. Tampoco porque se produjeran terribles incendios que acabaran con la jungla. Tampoco se debió a que los hombres talaran los árboles con sus inmensas maquinarias. Fue simplemente porque María, de cinco años, había por fin aprendido a hablar bien…

Ana Milena y Diego, noviembre de 2005

Agradecimientos

Al proyecto "La Caracola", por habernos permitido seguir abriendo caminos de investigación con los niños.

A Luisa y Cristina, por sus comentarios y correcciones,

A Gabriela, por sus ejercicios con los niños de Acarigua, en Venezuela.

A todos los campamentos de verano donde hemos podido trabajar y aprender de la experiencia.

A la ludoteca "Niños del Paraíso", a Fundalectura y al taller "Espantapájaros".

Y a Gianni Rodari, Federico García Lorca y Joan Miró, por haber sido, siempre, niños grandes.

BIBLIOGRAFÍA

ACREDOLO, Linda. Goodwin, Susan. *Tope, tope, tun.* Bogotá: Editorial Norma, 2000.

ALBERTI, Rafael.*¡Aire que me lleva el aire!* Barcelona: Editorial Labor, 1979.

ARANGO DE NARVÁEZ, María Teresa. Infante de Ospina, Eloísa. López de Bernal, María Elena. *Manual de estimulación temprana. Ser madre hoy.* Bogotá: Ediciones Gamma, 2004.

BETTELHEIM, Bruno. *Psicoanálisis de los cuentos de hadas.* Barcelona: Editorial Crítica, 1.988.

BISQUERT, Adriana. *Las artes plásticas en la escuela.* Madrid: Instituto Nacional de Ciencias de la Educación, 1977.

BOURNENF, Denyse. Paré, André. *Animación de un rincón de la lectura.* Buenos Aires: Ediciones Kapelusz, 1983.

BRONSTEIN, Verónica. Vargas, Ricardo. *Niños creativos.* Barcelona: RBA Libros, 2001.

CARTER, Rita. *El nuevo mapa del cerebro.* Barcelona: Ediciones Integral, 1.998.

DE TRUCHIS, Chantal. *El despertar al mundo de tu bebé*. Barcelona: Editorial Oniro, 2001.

FRANZINI. Louis. *¡Niños que ríen!* Bogotá: Editorial Norma, 2004.

GARDNER, Howard. *La educación de la mente y el conocimiento de las disciplinas*. Barcelona: Editorial Paidós, 1999.

GARDNER, Howard. *Educación artística y desarrollo humano*. Barcelona: Editorial Paidós, 1990

JAMES, Diane. *Pinta: manualidades creativas para niños*. Madrid: Editorial SM, 1993.

JEAN, George. *Los senderos de la imaginación infantil*. México: Fondo de Cultura Económica, 1994.

LEÓN DE VICTORIA, Chilina. *Secuencias de desarrollo infantil*. Caracas: Editorial Universidad Católica, 2003.

LERNER, Stephanie. *Kids Who Think Outside the Box*. Nueva York: Amacom Books, 2005.

LOWENFELD, Víctor. *Desarrollo de la capacidad creadora*. Buenos Aires: Editorial Kapelusz, 1980.

ONG, Walter. *Oralidad y escritura. Tecnologías de la palabra*. México: Fondo de Cultura Económica, 1997.

PELEGRIN, Ana. *Cada cual atienda a su juego*. Madrid: Editorial Cincel, 1984.

PEREGRINA, Luz María. Cirianni, Gerardo. *Rumbo a la lectura*. México: IBBY, 2004.

POLK LILLARD, Paula. Lillard, Lynn. *Montesori From the Start*. Nueva York: Schocken Books, 2003.

RATEY, J. John. *El cerebro: manual de instrucciones*. Barcelona: Editorial Mondadori, 2001.

REYES, Yolanda. *Cuando leer es mucho más que hacer tareas*. Bogotá: Revista hojas de lectura, Fundalectura, septiembre - diciembre, 2005.

RODARI, Gianni. *Ejercicios de fantasía*. Barcelona: Ediciones del Bronce, 1997.

ROGERS, Carl. *Libertad y creatividad*. Barcelona: Editorial Paidós, 1987.

SENSAT, Rosa, et. al. *Hacer plástica: un proceso de diálogos y situaciones*. Barcelona: Ediciones Octaedro, 2002.

SLOANE, Paul. Machale, Des. *Pensamiento lateral para la creatividad*. Buenos Aires: Ediciones De Mente, 2000.

STOPPARD. Miriam. *Primeras habilidades del bebé*. Bogotá: Editorial Norma, 2005.

THOUMI, Samira. *Talleres de motivación para niños*. Bogotá: Ediciones Gamma, 2004.

THOUMI, Samira. *Motivación del niño de cero a dos años* Bogotá: Ediciones Gamma, 2004.

TORRES, Evelyn. *Palabras que acunan*. Caracas: Banco del Libro, 2003.

TRELEASE, Jim. *Manual de la lectura en voz alta*. Bogotá, Fundalectura: 2004.

VIGOSKII, Stanislaw. *La imaginación y el arte en la infancia*. Madrid: Ediciones Akal, 2000.